Né à Rouen en 1965, Philippe Torreton entre au Conservatoire en 1987 puis, trois ans plus tard, à la Comédie-Française, où il sera élu sociétaire en 1994. Il y traverse le répertoire classique, de Molière à Beaumarchais, en passant par Sartre et Vinaver. Au cinéma, il se fait connaître grâce aux films de Bertrand Tavernier, avec qui il travaille à de nombreuses reprises, mais aussi Olivier Assayas, Noémie Lvovsky ou Philippe Lioret. Il obtient le César du meilleur acteur pour *Capitaine Conan* en 1997.

Son texte autobiographique *Mémé* (2014) a rencontré un très beau succès public et critique.

Philippe Torreton

COMME SI C'ÉTAIT MOI

RÉCIT

Préface inédite de l'auteur

Seuil

TEXTE INTÉGRAL

ISBN 978-2-7578-5584-3
(ISBN 978-2-02-063975-0, 1re publication)

La vie, c'est du théâtre
Et des souvenirs
Mais nous sommes opiniâtres
À ne pas mourir
Alain Souchon

Je fais un métier
De terre et de lune
De fruits secs
Et de bombances
De plénitudes
Et d'abstinences
Je fais un métier
De terre et de lune

À mes enfants, Marie et Louis

Comme si c'était une préface

Cette préface existe pour dire que je ne veux rien changer à ce texte écrit il y a maintenant plus de dix ans. Ce n'est pas parce que je le trouve parfait, loin de là, mais ce livre est le témoignage d'un jeune acteur en marche, écrit pour un jeune acteur en marche. Aujourd'hui, si je devais le reprendre, je changerais beaucoup de choses. Le temps passe, les excitations, les joies, les douleurs, les colères et les peurs s'estompent et se relativisent au vu d'autres joies et d'autres peines qui jalonnent l'existence. Le temps est rabot qui aplanit les rugosités.

Si je devais reprendre ce livre, sûrement que des pans entiers disparaîtraient, des adjectifs mettraient un peu d'eau dans leur mono-cépage, je serais peut-être moins dur sur ma ville normande, le Grand-Quevilly, comme me l'a gentiment fait remarquer Lionel Jospin au détour d'un chemin de campagne électorale. Sûrement que je ne retiendrais de cette ruche théâtrale qu'est la Comédie-Française que le bon grain, celui qui m'a fait pousser cette envie toujours intarissable de monter sur scène, de dire grâce à d'autres des choses qui m'importent, de profiter des poètes pour tenter d'en être un, pour me croire l'intime de Shakespeare ou de Rostand ou de Molière, pour prendre au sérieux des phrases banales ou méprisées, pour adresser au plus grand nombre ce qui reste trop souvent dans les hémisphères pariétaux, pour débattre ensemble de problèmes humains. Sûrement que ce recul de l'âge, de la vie, amènerait son lot de justesse. Sûrement, mais à quoi bon ?

Lorsque j'écrivais *Mémé*, je tenais à rester le plus fidèle possible à mes sensations d'enfance. Ce texte est un témoignage, en l'écrivant je pensais à l'acteur fébrile et débutant que j'étais et il me semble qu'il est toujours présent. Je reste, en dépit des pièces qui commencent à faire nombre, des rôles importants, des tournées, des films, un acteur débutant. Chaque premier jour de répétition me projette en ces jours de rentrée scolaire, où mes genoux tremblaient, et c'est pour cela que j'assume encore aujourd'hui ces textes, ces extraits de cahiers intimes, ces notes et ces poèmes. Leurs valeurs, pour moi, sont cachées là, dans leur nécessité. En rassemblant ces notes, je pensais à moi plus jeune et à tous ceux-là qui commencent ce métier. On rit de quelqu'un qui se cogne, on s'intéresse dans les théâtres à ce qui dérape, aux erreurs dramatiques de conséquence, au manque de recul des personnages. Si les protagonistes d'une pièce relativisaient tout ce qui ~~ce qui~~ leur arrive, les intrigues perdraient de leur intérêt.

Ce métier est bouleversant, dans le succès comme dans l'échec, peu de gens peuvent réellement saisir ses difficultés. Réussir un concours est un choc, vivre continuellement sous le regard des autres est compliqué, une bonne critique ou une mauvaise sont de possibles pièges où la conscience de l'acteur peut se déformer. Il faut se faire confiance et douter, un acteur doit composer avec l'auteur, le metteur en scène, ses partenaires et trouver sa place. Il faut aller vers un personnage et pourtant rester soi-même, il s'agit de faire comme si c'était moi… et ce n'est pas simple.

Fontenay-sous-Bois, mai 2015

J'ai des chemins sombres
et des bouquets d'orties
au bout de mes bottes
Des yeux de primevères
sur les fossés
et des fougères
à caresser,
des princesses
de cours d'école
pour s'émouvoir
dans mes sous-bois
Faut dire que j'ai une bosse
sur mon front lisse
et que les conversations
m'échappent
s'il me plaît
et il me plaît souvent !
Je déclotûre
des prés entiers

pour laisser filer
des troupeaux de bas nuages
Je badine de noisetiers
des armées de guêpes…
J'ai eu des yeux
pour voir
des tripes de lapins
se déglutir
dans l'herbe molle
et mes narines
sont pleines encore
de l'odeur fade qui s'en échappait.
J'ai violé
des sacs de grains
sous des appentis silencieux
J'ai vu des bulles
aux culs des vaches
et je jalouse encore
des veaux
un cochon brûle encore
sur la paille d'un dimanche…

Un gros téléphone gris sonnait pour rien dans l'appartement de fonction de l'école Charles-Perrault.

* *
*

En 2002 j'ai eu la joie d'apprendre que la tournée d'*On ne refait pas l'avenir* passait par Le Grand-Quevilly, donc à Charles-Dullin. J'allais y rejouer vingt ans après !

La salle était pleine, autre joie, car sincèrement ce n'était pas gagné. Mais elle l'était, et il y avait du courrier sur la tablette de ma loge, des signes de bienvenue de la part de camarades de théâtre et d'école, tout le monde au poste comme avant, plus vieux, mais toujours là… Merci ! La représentation fut belle et émouvante. Jamais je n'avais entendu des Normands applaudir comme ça, tout le monde attendait dans le hall que le cousin, le fils, l'ami, l'ancien élève, l'ex-amant, le copain de classe, sorte avec ses collègues. Les bises claquaient comme des bourrades ; les sourcils se levaient très haut en reconnaissant un visage ; toutes les phrases commençaient par « Tu te souviens de moi… », « … de lui… », « … d'elle… » ; et *Télé Z* nous a foutus dehors, parents, amis, voisins, profs, fiancées, tout le monde : « On ferme. Et je rappelle que le parking ne rouvrira ses portes que demain matin… »

Je me suis retrouvé à l'extérieur. Puis, poussé par M. Désir, mon ancien prof de français, j'ai rendu visite au marathon de lecture hugolien qui se déroulait dans une authentique grange, à deux pas du théâtre. J'ai écouté debout, derrière les attentifs, une pipe barbue et sentencieuse qui lisait du Hugo, et j'ai répondu poliment aux présentations qui m'étaient faites tout en leur faisant remarquer que ce n'était pas le meilleur moment pour les mondanités… Évidemment, quelques jours plus tard on pouvait lire dans le *Paris-Normandie* que Philippe Torreton, entouré de sa cour, avait perturbé la lecture de monsieur pipe barbue sentencieuse…

Retour aux sources !

Le Grand-Quevilly, ville sous le vent des relents d'œufs pourris qui envahissaient l'habitacle de la R18, lorsque nous revenions des week-ends à l'air pur Label Rouge chez mémé. Ville sans fonds ni formes, clapiers de Rouen conçus en cinq minutes et pour toujours en cours de réhabilitation. Ville d'idées perverses, comme de donner des noms d'oiseaux pour baptiser des cages : « Les Pinsons », « Le Roitelet », comme si on n'allait y voir que du feu ! Quelle hypocrisie ! Mon amie Béa habitait un rectangle nommé « Les Hulottes ». Les hulottes…, qu'est-ce qu'elles vous ont fait ? De la fenêtre de la salle à manger on pouvait voir, par temps clair comme par temps normal, le pic du Midi, « ils n'ont pas les moyens d'aller à la montagne ? Qu'importe, on va la leur construire ! », et cela donne une espèce de phallus en gravillons projetés où habitait au quatorzième étage notre star du groupe théâtre du collège

Édouard-Branly, mon pote Frédéric Lanta, que ses résultats scolaires ont poussé sur les toits comme apprenti couvreur. Logique. D'une autre fenêtre, on « donnait » sur un groupe de volumes en mosaïque rose et marron aux noms de bateaux cette fois, « La Frégate », « Le Drakkar », « La Goélette », y z'ont dû trouver ça logique à cause de la Seine pas loin. L'école maternelle ~~maternelle~~ (puisque ma mère y officiait) s'appelait Charles-Perrault. Pourquoi ? Il était du coin ? Le petit chaperon rouge est passé par là ? Ça a donné lieu à un concept de décoration, alors ? Non. Juste Charles Perrault, comme ça, à cause des contes : « On s'était dit que pour une école maternelle… Mais on a mis une plaque de marbre dans le hall pour rappeler les contes, tout ça ! »

Tous ces noms qui sonnent creux ! Qui font teinter le rien de ces lieux en friche de pensées et de talents. Un jour, une dame de la mairie m'a offert un livre sur Le Grand-Quevilly parce que je m'y trouve à côté de Franck Dubosc au chapitre « Personnalités ». C'était gentil de sa part mais, certains jours, cela vous colle un bourdon ! Un livre pour nous conter l'histoire de la commune, les origines, les Gaulois, la Révolution, pendant les guerres, et qui fait apparaître que cette ville n'a jamais vraiment existé. On n'y a rien fait ! Le monde s'est bousculé, décapité, génocidé, irradié… mais pas au Grand-Quevilly. Je suis sûr que certains bourgs infâmes du fin fond du Texas ont une histoire plus palpitante que mon terrain de jeu socialiste… Ah si ! Pendant la Seconde Guerre mondiale, un aviateur touché par la DCA et risquant de s'écraser sur Rouen a préféré faire un virage sur son aile gauche en feu pour terminer sa carrière au Grand-Quevilly ! Le contraire d'une ville. Un lieu à peine dit. Une zone. Même à l'époque !

Mais quelle époque au fait ? On ne sait plus. Le seigneur du coin s'appelait le marquis de Becdelièvre, et je ne suis même pas sûr qu'il y ait un lien entre cette lignée d'aristocrates et cette terrible difformité des lèvres, c'eût été trop beau ! Son château fut rasé. Triste. Pourquoi n'a-t-on pas laissé les marécages comme ils étaient plutôt que de mettre péniblement au monde cette extension prothétique de Rouen ? Zone où iront plus tard cachetonner ceux qui ont été boulés de l'école Boulle, lieu à concepts, à maquettes sous cloches exposées dans nos halls municipaux aux regards des futurs internés, où les arbres sont des boules de papier pressé peintes en rose pour faire cerisiers fleurs, les mêmes boules qui servent à viser les yeux le 1er janvier. Mais on ne peut pas leur reprocher de ne pas exécuter fidèlement leur plan, car là où ça se décolle au 1/72, ça s'arrache aussi grandeur nature. À peine posé, ça se répand. À peine joint, ça cloque et ça coule. Certes, ça donne du travail aux ouvriers de la maintenance municipale, ceux qui se déplacent toujours en binôme motorisé pour changer une ampoule… Ces lieux de rabais, de contrats où chacun cherche une marge confortable, de rognure de délais, de bricolage urbain institutionnalisé, et puis après on s'étonne des premiers graffitis au début des années 1980 !

Avant on grattait le béton à l'Opinel, autant vous dire qu'il fallait être sûr de son dessin et ne rien avoir à faire de toute la journée ! Mais voilà que le recoin appelle l'urine, l'aggloméré le coup de pied distrait, le plastique le briquet, et la dalle de ciment les ronds de salive morveuse lâchés comme des bombes venant rythmer le vide d'avant et après « ch'ai pas »… Quelques inventions techniques plus tard et l'inactivité sociale grandissant, vous vous retrouvez avec un problème de cages à lapins… Ma grand-mère, à la campagne, bougeait ses cages tous les jours pour que tous les jours les futurs civets du dimanche puissent avoir de l'herbe grasse et fraîche, sinon, ça se dégrade très vite à l'intérieur, l'urine et la merde imposent leur loi et on se fait les griffes et les dents sur les montants de la cage… Les prisons aussi, c'est pareil… La France aurait dû solliciter l'avis de ma grand-mère, elle aurait prédit l'avenir de sa République.

* *
*

Je viens d'une ZEP
d'une ZI ou d'une ZA
d'un truc à côté
mais pas d'un centre
d'une ville par défaut
à côté de la vraie ;
d'une zone à PEL
sans rues mais à bretelles
avec rampes d'accès…
Je viens d'un bout de ligne
de bus articulés
on y fait demi-tour
près de la piscine.
Ici il y a le pic du Midi
à côté du mont Ventoux,
et des noms d'oiseaux
pour baptiser des cages…
des mouettes à la retraite
sur des terrains d'à peu près.
On y circule plus qu'on y marche
et l'on s'oriente vers :
des crêperies piétonnes
et des parkings à tout faire
des salles polyvalentes
fermées comme des églises,
une grange authentique
démontée déplacée
et reconstruite
pour y faire des banquets ;

c'est là que s'est mariée
un soir une de mes fiancées…
Ici les carrefours s'arrondissent
pour devenir ronds-points,
mais quand on a que l'amour
ça ne rime pas avec rond-point !

* *
*

Avant d'être au Grand-Quevilly le socialiste, ma mère enseignait la vie au Petit-Quevilly la communiste. Son école s'appelait Jean-Baptiste-Clément. C'est peut-être ça au fond la différence entre le PC et le PS : le premier appelle son école maternelle Jean-Baptiste-Clément et le deuxième Charles-Perrault, tout est dit ! Ouvrières étaient les maisons ! En brique et individuelles, avec de petits jardins : deux rectangles d'herbe à chats de part et d'autre d'une allée de ciment bordée de coquilles Saint-Jacques, juste de quoi planter quelques thuyas et un cerisier fleurs, des jardins où ça tousse des casques à plumes le matin de bonne heure… Elles étaient identitaires ces ruelles de brique, il a peut-être l'air con mon nain de jardin mais c'est à moi, et si je veux repeindre ma barrière tous les ans ça me regarde.

Les voitures étaient bichonnées.

Mes copains étaient portugais… C'est peut-être pour ça que j'ai toujours été persuadé que Torreton était un nom portugais… Plus tard, une coiffeuse espagnole m'affirmera que c'est un nom d'origine espagnole qui veut dire « petite tour », ce qui laisserait supposer des origines juives… En Normandie, on se persuade que c'est viking. Par Thor et par Ethon, juraient nos ancêtres !… Et puis si je vous rajoute un « h » et que je vous retire un « r », je peux vous le faire vaguement anglo-saxon : Thoreton… Une directrice de casting me suggéra de réfléchir à un autre nom quand même… Phrase obligatoirement prononcée un jour par toute directrice de casting qui se respecte devant ses « Gilles » et ses « Pierrot ».

Le producteur exécutif de Tavernier s'extasia un jour ironiquement sur les sonorités de mon nom. Il le répétait à tue-tête en faisant rouler les « r » à l'espagnol en plein pendant une pause déjeuner, devant toute l'équipe… Il avait raison, il s'appelle Bourboulon, c'est mieux ! Lorsque je le lui fis remarquer, il trouva subitement un truc urgent à faire.

Au Petit-Quevilly, prononcez « Aptitcul », je passais devant des roulottes et des abris de fortune sur le chemin de Joliot-Curie, l'école primaire. Un champ de ville, quelques tôles rouillées, des tonneaux, des antennes, des carcasses de voitures : un bric-à-brac de pauvreté et de combines, de la vie de famille qu'on rafistole pour s'abriter du vent comme nous dans nos cabanes montées sur têtards aux alentours de nos week-ends chez mémé.

Eux y vivaient toute l'année. C'était qui, « eux », au fait ? On ne savait même pas ! Ils avaient des moutons, un âne et des poneys, alors on s'arrêtait et on se disait qu'ils avaient de la chance ! À la radio passaient en boucle *Chez Lorette* et *Chez Lorette*. J'étais sûr que c'était juste à côté des poneys, certain même, une espèce de rade tout petit, avec une grosse dame derrière son comptoir qui saluait tous les matins et tous les soirs sa future clientèle encore studieuse et nippée au grand frère. Il y avait un flipper à l'intérieur, enfin on le devinait derrière le rideau de perles de la porte d'entrée. Tous les matins nos têtes se dévissaient pour voir en direct la chanson de Delpech.

Un jour les autorités ont voulu reloger tous « ces gens-là », je vous l'ai dit on ne savait pas de qui il s'agissait, alors on utilisait des expressions toutes faites, précuites, quand on n'a pas le temps c'est tellement pratique ! Les autorités donc, inquiètes sûrement de l'hygiène, soucieuses de taxe d'habitation ou alertées par les pétitions de braves gens, inquiets eux aussi du sort de « ces gens-là », ont décidé de les reloger dans du tout neuf, du béton carré, avec des caves qui serviront plus tard pour ce qu'on appellera les tournantes, un petit balcon pour y entreposer tout ce qui traînait dehors du temps du bidonville. Ils ont appelé cet appel d'offres avec ristourne la citée « Tonneline ». Et la violence a trouvé son lieu à la mode, les flics y avaient peur pour leurs retraites. Autoagression et autodéfense, l'autarcie de la violence urbaine et ma mère qui se fait menacer d'une expédition punitive au couteau en pleine école maternelle par une mère à bout de nerfs…

Bien des années plus tard, pris d'une subite nostalgie et profitant de la caisse d'un copain, j'ai voulu retourner dans ce quartier du Petit-Quevilly, pour voir l'école où a été composé *Le Temps des cerises*, mais aussi pour retrouver la moiteur tourbeuse des serres horticoles et mitoyennes de notre oncle Pierre, qui, certains mercredis, m'apprenait à rempoter le géranium et à reconnaître l'oxalis, et moi de plonger mes doigts dans la mousse verte et mouillée des compositions florales en attente de livraison… Ma nostalgie fut balayée sur cet autopont qui dominait mon ancien quartier. Voir sa rue d'enfance à portée de main et ne pas pouvoir s'en repaître ; quelques sens interdits, une rocade et des ronds-points rendaient la balade proustienne impossible sans un guide certifié de la mairie.

* *
*

Un jour de fin de CM1, nous avons quitté Le Petit-Quevilly pour rejoindre Le Grand-Quevilly avec armes et bagages au cours d'un long périple de 6,2 kilomètres. Une atmosphère de pionniers régnait alors dans la famille. Et c'est là que j'ai décidé de faire pousser mon acné… Rue Neil-Armstrong (un gars du coin qui jouait de la trompette les soirs de pleine lune, si j'en crois la légende !), qui mène à angle droit dans l'avenue des Provinces, l'artère principale dont le seul intérêt était de vous emmener au théâtre flambant neuf Charles-Dullin (un gars du cartel qui avait un atelier dans le coin). Charles Dullin… Un théâtre… Ça devait faire partie du cahier des charges : au-dessus de tant d'habitants, faut un théâtre. Lui, c'était un rond, un cylindre coupé, c'était écrit dans le manuel : « Et n'hésitez pas à donner à ce lieu une forme originale, rappelez-vous que les artistes sont des originaux et vont être amenés à s'y produire… »

Je ne pense pas qu'il y a joué, Frédéric Lanta. Il devait déjà être sur ses toits à se demander si c'était à cause des maths ou de l'anglais qu'il se retrouvait collé là, sur l'ardoise.

Nous l'attendions ce théâtre, les travaux étaient trop lents pour nos programmations déjà faites, des artistes allaient venir chez nous en vrai, le cœur de la ville allait battre enfin ; du sang neuf pourrait circuler dans les artères, les rues et les ruelles, ça devrait picoter un peu au début, normal, les fourmis dans les jambes, mais après, après…

Mais voilà, un théâtre est toujours un problème pour une municipalité. D'abord ça coûte cher, ça ne fonctionne pas tout seul, il faut trouver le personnel, quoique là ça peut toujours donner la possibilité de recaser un ou deux cas sociaux dans l'entourage du maire ; tout le monde va le réclamer pour y faire des soirées spéciales ; ça va sûrement donner l'idée à des troupes de se constituer, elles vont exiger des locaux pour répéter, et le théâtre en fin d'année pour y jouer leur bazar et forcément demander des subventions pour la saison suivante en prétextant que les gens ont adoré ! Mais surtout, surtout, cela nécessite d'avoir une politique culturelle et là, ça se gâte, ça devient vraiment chiant, car il semblerait qu'il existe d'autres formes d'expression que l'opérette, et Sardou ne peut pas venir tous les mois. Du coup, il faut nommer un adjoint à la culture et le trouver dans l'équipe municipale qui plus est ! c'est comme pour le ministère de l'Écologie : qui se dévoue ? Allez, un beau geste !

Qui dit théâtre dit lieux qui ferment tard ou qui vont le réclamer, cafés, bars, restaurants, donc du bruit sûrement après 22 heures, voire 23 heures ! C'est des spectacles à aller voir pour donner l'exemple en tant qu'élu, et, un jour ou l'autre, il y en a bien un qui va tomber un soir de PSG-Nantes en finale de coupe de la ligue intertoto du monde des vainqueurs de coupes. Et puis, c'est aussi des bouquets de fleurs avec des mots pour les vedettes avant, et des paluches à serrer après, un p'tit truc à dire entre deux bâillements, bouche fermée en prenant un air concentré quand la vedette explique que son spectacle est super bien accueilli partout. C'est chiant un théâtre pour un maire, une rocade c'est mieux !

Charles-Dullin ferme quelques minutes après le tomber de rideau, sans doute pour rassurer les riverains, public ou pas, discussions ou pas, allez hop dehors ! Le parking ferme aussi, alors si vous voulez rentrer en voiture il faut faire vite. C'est l'emploi du temps du gardien qui décide, c'est-à-dire son *Télé Z*...

* *
*

Pour contrer les horaires, prolonger les idées et les chansons, nous nous sommes inventés un lieu, une crêperie, bretonne, en bout d'allée commerçante. Daniel y régnait en maître, comme seuls les babs sont capables de le faire lorsqu'ils passent à autre chose. Antimilitariste, breton, il aimait la mer. Alors on la retrouvait en poster, une mouette au plafond faisait du surplace ; c'était notre lieu, c'est ici que je pouvais mettre en scène mes chagrins d'amour, que je noyais dans le cidre industriel mes incertitudes scolaires ; c'était notre table d'orientation avec longue vue en fer émaillé pour voir plus loin. On pouvait y croiser des chanteurs, des musiciens qui jouaient jusqu'aux plaintes des voisins, la vie s'accrochait comme elle s'accroche partout, plus petite entre les dalles, en attendant le nettoyeur haute pression.

Mais pour nous à l'époque, c'était un beau théâtre, merci, monsieur le maire !

Il faut dire qu'on n'avait pas beaucoup de références en la matière. Personnellement, le seul théâtre que je connaissais était la salle polyvalente du collège Édouard-Branly, c'est-à-dire la cantine. On y trouvait quand même une estrade et des tables qui découvraient des rangées de bancs basculants lorsqu'on repliait une moitié de plateau, ça a l'air compliqué comme ça mais on y arrivait très bien, il ne fallait pas trop tenir à ses doigts ! On y voyait des films : *Raging Bull*, de Martin Scorsese, et *Trafic*, de Jacques Tati, la troupe des Deux Rives venait y faire des animations. Je me souviens d'une pièce de Bertolt Brecht, *Maître Puntila et son valet Matti*. Les comédiens s'arrêtaient pour commenter ce qu'ils faisaient, ils « *Verfremdungseffektaient* » joyeusement et nous, je crois qu'on suivait. Les filles se faisaient un peu peloter quand même, mais dans l'ensemble personne n'avait l'air de s'ennuyer. Ce qui est une performance, parce que jouer devant des mômes qui n'ont pas envie ou qui n'aiment pas tout simplement, c'est dur…

Il faut dire aussi que, sous prétexte d'actions culturelles, on inflige parfois à des adolescents à peu près aussi réceptifs à la chose dramatique que Poutine l'est à la cause tchétchène des bouts de ficelle et du carton, des ratages au concours du TNS, des étirages d'heures d'Assedic et des « on dirait que c'est un rêve » en guise d'idée de mise en scène, mais chut les mômes, le premier qui parle est collé !

Salauds de mômes !

Je me souviens d'avoir tenté seul un suicide collectif, tellement j'avais honte de ces trois cents mômes dont je m'étais attribué la responsabilité, Dieu sait pourquoi, car j'étais élève tout comme eux, et pas encore dépucelé par les planches, une sorte de solidarité prémonitoire pour ces pauvres comédiens qui jouaient *En attendant Godot.* Sans doute. La salle riait, mais pas là où le souhaitaient les acteurs, qui, petit à petit, nous lançaient des regards de nettoyeurs ethniques, jusqu'à ce que Pozzo (le clown ! évidemment, *dixit* mon subtil voisin de droite !) s'arrête pour nous dire qu'ici, ce n'est pas la télé ; qu'on entend tout, que c'est une question de respect et puis vous, les profs, faites votre boulot merde, si ça continue on arrête (oui, a dit mon voisin, et ce furent ses dernières paroles). Le spectacle a repris dans cette salle Maxime-Gorki au Petit-Quevilly, mais je sentais que les comédiens se forçaient à trouver que l'écoute était meilleure.

Quelques années plus tard, ce fut à mon tour de me frotter aux fauves, dans un *George Dandin* sous la houlette d'un ancien élève du TNS, un des trop rares à nous avoir prouvé que l'on pouvait s'évader de ce dortoir géant : un bon sac de noix de coco et on se jette de la falaise après avoir compté les vagues comme dans l'histoire du bagnard Papillon. Un gars du Grand-Quevilly peut intéresser les professionnels du théâtre.

TNS. Il avait fait le TNS !

Trois lettres qui ne me disaient rien en ce temps-là. Mais, mû par une espèce de réflexe évidemment conditionné par l'admiration que ce sigle suscitait autour de moi, j'ai tenté son concours d'entrée, en voulant faire croire qu'à dix-huit ans je pouvais jouer *Le Gardien*, d'Harold Pinter, aussi bien que Jacques Dufilho. Ces messieurs de Strasbourg ont sans doute préféré la version originale, et maintenant encore je m'excuse de les avoir dérangés pour ça.

Nous les avions pourtant répétées, nos tentatives dramaturgiques dandinesques récemment glanées à Strasbourg. Notre local s'appelait L'Arquebuse, ancien estaminet pour cheminots abandonné et loué en liquide à cette bande qui voulait devenir troupe. Il fallait s'inscrire dans les créneaux horaires de la SNCF pour arriver à dire une réplique sans être interrompu par un de mes futurs Paris-Rouen. Il fallait aussi patienter lors des grandes discussions sur le pourquoi du comment, les « je n'arrive pas à faire ce que tu me demandes », les mises au point et les « bon ! maintenant faut qu'on parle ». Et pendant ce temps-là, les express passaient. J'étais heureux.

Ils étaient plus grands que moi, mariés ou divorcés, ils avaient un métier ou presque, ils avaient envie de faire du théâtre. On était pareils, et moi j'avais le sentiment d'avancer.

Daniel c'était Rimbaud, et Le Grand-Quevilly c'était Charleroi !

Daniel lisait des poèmes dans la grange à vins d'honneur associatifs lorsque je l'ai vu pour la première fois. Tous les ans, on y organisait des rencontres de poètes, nous étions conviés à monter sur ces structures démontables à tour de rôle pour y aller de notre tentative poétique. Et les tentatives étaient de tous ordres, cela pouvait aller des oiseaux qui viennent l'hiver picorer devant la fenêtre à Alain Leprest, mon Jacques Brel à moi. Il y avait aussi beaucoup de barbus qui faisaient rouler leurs rhumes poétiques au fond de leurs gorges encore chaudes d'incendies hollandais. Nous les théâtreux du collège, nous étions réquisitionnés d'office pour y faire un tour, en général un extrait de notre prochain spectacle… Et puis venait le moment où Daniel montait sur scène.

C'était James Dean.

Petit, regard rieur en coin, blouson noir, il parlait et on se rendait compte au bout d'un moment que ce qu'il disait, c'était le poème – les autres, en revanche, nous savions à l'avance qu'ils allaient nous en pousser un rien qu'en les voyant monter sur l'estrade.

C'était parti ! Dans un coin de ma tête une graine s'est semée toute seule, en lousdée, une graine de prise de parole, le théâtre c'est parler, pas réciter. Une graine d'absence de ton, le théâtre c'est faire croire que c'est moi qui parle… Mais la graine mettra du temps à germer…

* *
*

En attendant, nous avions la ferme intention de jouer notre *George Dandin* devant ces hérétiques. Il y avait des mains qui passaient sous les rideaux de coulisses avant scène pour essayer de piquer mon épée avant mon entrée en scène dans le rôle de Clitandre. Clitandre pédé bien sûr, c'est comme ça qu'ils ont compris mes tentatives d'airs nobles ! Pendant la nuit du dernier acte, ces pauvres titous avaient peur et nous le disaient.

Ceux qui n'avaient pas peur du noir nous faisaient les crapauds et les grenouilles. Ils voulaient voir Angélique à poil et le lui disaient aussi. Quant à George Dandin, ils lui faisaient remarquer qu'il était complètement con de se faire avoir comme ça par une gonzesse. Le message était passé !

Et tous de se dire après, comme un chœur d'otages libérés encore en plein syndrome de Stockholm : oui, mais s'il y en a eu un qui a suivi et aimé, alors on a gagné !

Personnellement je me fous de celui qui aime, le jeu n'en vaut pas la chandelle ! Dès qu'on rassemble les gens, ils deviennent cons. Ce qui est vrai pour les amateurs de foot, les retraités et les députés l'est aussi pour les mômes. Le QI d'une foule est inférieur à la moyenne des QI des personnes qui la constituent, avais-je appris dans un *Science et Vie* de mon grand frère !

Arrêtons d'organiser des sorties, mais incitons à sortir. Le soir, comme des grands, qu'ils se débrouillent ! Mâchons-leur un peu le travail en proposant une billetterie à l'école, en négociant des accords avec les transports en commun, en faisant venir des acteurs et des chanteurs dans les classes, histoire de piquer quelques banderilles dans cette espèce de cuir qui recouvre la curiosité adolescente. Un spectacle par mois, mais de leur propre chef. Les noyer dans la foule des spectateurs et au rapport le lendemain à l'école !

Le théâtre, c'est un plaisir intérieur partagé, pas une corvée collective où l'on se sent seul.

On ne devrait pas obliger les élèves, mais les encourager et les motiver. Et tant pis si quatre-vingts pour cent d'entre eux n'y vont pas, au moins en s'abstenant ils se préservent une chance de s'y rendre un jour de leur propre chef pour plaire à une fille ou pour voir une vedette du petit écran se faire une carte d'artiste en passant par le théâtre ; sinon, le risque est trop grand de les dégoûter à vie. L'école publique doit susciter, rendre possible. C'est une susciteuse, comme une grande fille pas très belle mais qui a de l'expérience, généreuse et pas regardante... On devrait pouvoir lui dire qu'on n'y connaît rien mais qu'on aimerait bien quand même, en douce, sans que les parents soient dans le coup. Et la bonne fille s'exécute, c'est plus fort qu'elle, il faut qu'elle paye de sa personne. Et vas-y qu'elle trouve un local, des autorisations, qu'elle déboutonne le froc tendu et curieux et emmène le jeunot les jambes flageolantes vers la vie, la vraie, pas celle des manuels... Ma grande fille pas regardante, ma susciteuse à moi, était deux en fait, deux profs de français, M. Hébert et M. Désir précité, l'un gauloise et l'autre gitane, tous deux sans filtre.

Tout ce qui me reste de vingt ans d'école publique, c'est ce qui a débordé de l'école ; ce n'est pas le cours qui fait avancer, c'est la question que l'on pose au professeur à l'issue du cours, c'est le parfum de la prof d'histoire, le demi pression avec celui de français. Et c'est encore par une de ces crues bienveillantes que j'exerce mon métier de comédien, qui me fait vivre depuis une douzaine d'années. M. Désir et M. Hébert, qui devaient batailler contre la jalousie de leurs collègues, pour lesquels cette activité nouvelle au sein du collège reflétait leur manque d'initiative. Tout ça n'était pas dans le programme, la preuve, ils n'étaient pas payés pour ça, Hébert et Désir.

Programme concocté par d'anciens élèves revanchards amputés d'enfance, incapables de considérer que l'école n'est pas un magasin où l'on vient se remplir frileusement les poches par ordre d'arrivée, mais un lieu qui donne envie de traverser des mers.

Des magasins, il y en a tellement partout…

Ils avaient décidé de réunir les désireux fébriles le mercredi après-midi, dans la fameuse salle polyvalente du collège Édouard-Branly, transformée pour la circonstance en poste de secours avancé de la culture en marche, là où l'on pratique les premiers soins avant des orientations plus radicales. On se compte en ce premier mercredi après-midi : une vingtaine de volontaires, autant de rescapés et puis plus personne ne nous rejoint, plus d'espoir, on arrête les recherches, et le reste du collège devient alors une immense chapelle ardente. Une minute de silence pour les autres, et le travail peut commencer. Et ils ont bossé, nos deux secouristes ! Nous avons écrit, improvisé, lu (si, si !), fait des montages, des collages. Des médicaments aux noms compliqués nous parvenaient : Ionesco (ça venait sûrement des Nations unies), Obaldia, Tardieu, et bien sûr du Molière en poudre, pour parer aux premières infections. Et les premiers résultats arrivent, surprenants : on peut faire rire des adultes, nos profs en tout cas ; on regarde ses copains et copines en scène, et ils semblent plus beaux. Frédéric Lanta est drôle, pas moi, je ne suis pas encore sur pied, je refile tous mes rôles aux autres. Je devais être plus touché que les copains…

Mais les progrès finissent par arriver, en même temps que cette conscience d'être à part. Difficile de dire si c'était le théâtre qui me plaisait ou le fait de pouvoir aller répéter deux fois par semaine dans un local près de la mairie, dans le centre culturel à deux pas du polyvalent Charles-Dullin que nos deux infirmiers ont réussi à négocier pour la fin d'année, car nos spectacles prenaient de l'ampleur, les élèves passés au lycée voulaient continuer, alors nous étions finalement une bonne vingtaine. Le maire avait raison : ça va vite, c'est comme la pinède en été, ça flambe vite, suffit d'un mégot… Le club théâtre devenait une structure trop restrictive, alors de club, on est devenu troupe : L'Astragale, petit os du pied, le plus petit paraît-il, très emmerdant lorsqu'on se le casse, petit donc mais utile, comme nous !

Nous rejoignaient d'autres profs, celle d'histoire, qui se proposait au maquillage, celui de travail manuel au décor, celle de musique, qui se proposait au prof de travail manuel qui lui se proposait quand même au décor, et une autre de TME aux costumes (TME pour travail manuel éducatif ; le « éducatif », ça fait mieux, cela indique qu'on réfléchit à la chose, comme « référent bondissant » pour dire ballon).

Un local donc, une troupe, un nom… Je pouvais me coucher tard !

* *
*

On allait parfois conclure une bonne séance de répétition dans un café en ville, c'est-à-dire à Rouen, car pour nous Le Grand-Quevilly n'en était pas une. Et pour faire comme Valérie, je prenais un Monaco, un tango panaché en fait ; ce nom résonnait comme un permis de conduire, un visa, un passeport, bref un truc qui sert à bouger pour de bon, et je tirais mes premières bouffées d'indépendance sur les Peter mentholées de cette même Valérie. Ce club théâtre devenu troupe, mélangeant les anciens et les nouveaux, devenait une sorte de noviciat laïque, une mise au parfum de la vie. C'était l'occasion de se frotter aux filles autrement qu'en les regardant de loin, tout rouge dans la cour de récréation, et de rêver la nuit suivante d'être le héros d'un film d'animation tchèque avec ces filles en question.

La promiscuité des loges ! Nos fringues de ville en boules sur les chaises en plastique, et cette odeur de chair absente qui s'en échappe, c'est ça le théâtre, des voix étouffées qui vous arrivent du plateau et ce silence des coulisses, ce n'est pas un outil pédagogique, c'est un envol, c'est le duvet gris marron qui devient plume blanche, c'est Jonathan le goéland, c'est Birdy, c'est Georgia… C'est dangereux…

Grâce au club théâtre, pendant toute une année, lorsque nos horaires de cours coïncidaient, j'ai pu « passer prendre » chez elle Valérie au sourire mentholé. Une grande de terminale pour terminer la route ensemble jusqu'au lycée… Que j'aimais ces regards qui se demandaient si on était ensemble et que je ne cherchais surtout pas à démentir ! Parfois je frappais à sa porte, un peu en avance, alors elle m'ouvrait en tee-shirt et petite culotte, l'air pas réveillée. Il y avait toujours un truc d'écrit sur son tee-shirt, mais j'avais, je dois l'avouer, un peu de mal à le lire, problème de concentration sans doute, parce qu'il me semble que j'avais déjà acquis les bases de la lecture. Et puis Valérie avait les dents si blanches ! Si je brosse les miennes aujourd'hui encore, c'est grâce à elle... en petite culotte... Quand j'y pense maintenant, quel con !

Devant chez elle, en automne on trouvait du marc de pommes, et du coup ça se mettait à sentir comme chez ma grand-mère, du marc de pommes en pleine ville ! Elle jouait *La Savetière prodigieuse*, de Lorca, et cela lui allait bien. Moi j'en étais toujours à provoquer en duel ma timidité chaque soir de répétition, je ne devais pas avoir un grand rôle dans l'affaire. Un amoureux de la savetière ça y est, ça me revient, un amoureux comme par hasard.

Elle a fait un bac D.

Moi aussi.

Grâce à un autre spectacle nous sommes allés faire un concours de théâtre à Versailles, au théâtre du château. C'est même de là que vient, paraît-il, l'expression « cour et jardin », désignant respectivement la gauche et la droite lorsqu'on est sur scène et que l'on regarde le public. Un côté de ce théâtre donne sur les jardins et l'autre sur la cour, et comme ils en avaient marre de s'engueuler tout le temps avec cette histoire de gauche et de droite qui n'était jamais la bonne, un petit futé a dû dire : regarde du côté du jardin et après tourne la tête vers la cour du château.

Sauf que dans certaines institutions comme l'Opéra et la Comédie-Française, les techniciens de plateau se sont répartis en courriers et jardiniers. Jusqu'ici tout va bien, mais n'allez surtout pas vous aviser de placer un objet à déplacer pile au milieu, car à la fin du changement de décor vous risquez de le retrouver trônant à la même place, au milieu du plateau, ni les uns ni les autres n'estimant avoir la charge de l'objet en question... C'est grâce à ce même état d'esprit que j'ai pu assister un soir de *Vie de Galilée* à la Comédie-Française, à la scène qui suit. Alors qu'un pan de décor qui était chargé (c'est-à-dire qu'il montait dans les cintres) emportait avec lui un bout de pendrillon (grand rideau étroit servant à cacher les coulisses en fermant les découvertes aux yeux du public) et laissait voir toute la coulisse jardin aux spectateurs, apercevant deux techniciens en bleu de travail qui regardaient comme moi, mais avec flegme, ce trou béant dans l'intimité magique du spectacle, je leur dis qu'il fallait prendre un truc, une tige, un balai..., pour décrocher le pendrillon coincé. Ils étaient parfaitement d'accord avec mon diagnostic mais ne bougeaient pas d'un poil de pouce cassé pour autant. Et de me dire, après un temps, qu'ils étaient machinos, eux, et que ça, c'était un problème de tapissiers. Quand le professionnalisme finit par tuer la profession. Parfois !

Ce concours de théâtre d'école que nous n'avons pas gagné nous a permis de faire une escapade parisienne, la première évidemment, et je ne sais plus qui de Truc ou de Machin a eu cette bonne idée d'aller dormir tous ensemble chez une connaissance du groupe, en banlieue, car on a pris un train pour y aller, enfin c'est ce que je me dis maintenant, en effet sur le moment je ne comprenais absolument rien au parcours et je me disais que Paris était décidément une très grande ville, et j'avais l'impression qu'elle était sans fin ! Une chambre, dix personnes, des clopes, Maxime Le Forestier, et s'endormir en écoutant les autres faire semblant de s'embrasser discrètement, et moi qui préférais encore rêver de Valérie que d'oser quoi que ce soit… J'avais trop peur qu'elle explose de rire en comprenant que mes intentions n'étaient que des intentions !

* *
*

La porte est close
Et tout dispose
À s'effacer
Masques et ecchymoses
Les bruit des choses
Excitées.
L'ivresse et la nuit osent
Parfois des pauses
Qui font rêver.

Mais l'aube sur la rose
En silence impose
De s'en retourner.
(Octobre 1995.)

* *
*

Un ou deux ans plus tard, nous avons monté *Les Bons Bourgeois*, de René de Obaldia, pour le grand théâtre Charles-Dullin, une pièce en vers, une sorte d'adaptation des *Femmes savantes* de Molière, mais version Mai 68. Je tenais, enfin le mot est fort, le rôle de Narcisse Galopin. Dans la revue *Avant-Scène* se trouvaient des photos d'Alain Doutey, qui avait créé le rôle à Paris. Qu'est-ce que j'ai pu les regarder en essayant d'y trouver une réponse à mes incapacités ! Avec ce spectacle, nous avions franchi, me semble-t-il, un palier dans le sérieux, car ce n'était plus du bricolage de textes mais une vraie pièce, découpée en scènes et en actes, c'était *Au théâtre ce soir*, car on avait un canapé ! C'était un vrai spectacle, on mangeait des plats énormes de spaghettis chez les déjà indépendants du groupe, le soir, après nos efforts, en écoutant Téléphone. Je connaissais toutes leurs chansons par cœur… Quelque chose en moi ne tournait pas rond ! Le théâtre, c'était donc des pâtes, des amis, du rock…, et cette trouille encore fumante que l'on va sécher ensemble, séance de débriefing ritualisée.

À la fin de l'aventure de L'Astragale, nous n'étions plus que trois, Max, Françoise et moi. Nous avions écrit et mis en scène un spectacle, *On descend à la prochaine*, mais je ne voulais pas que la récréation s'arrête comme ça brutalement, et je me souviens avoir dit à Françoise : s'il doit en rester un, ce sera moi.

« T'es trop timide, tu devrais t'inscrire au club théâtre animé par ton professeur de français, M. Désir… », disait ma mère, drapée dans sa pédagogie… Chiche !

* *
*

Pour moi une sortie au théâtre est un miracle, encore maintenant je n'arrive pas à banaliser cet acte. Lorsque je vais au théâtre en spectateur, j'ai le trac, je sens mon cœur battre, je vérifie quinze fois si mon portable est bien éteint, je n'ai pas envie de bouger ni de parler avant que le rideau ne se lève, je me fous de savoir si l'actrice qui s'assoit à côté de moi fait plus ou moins son âge, de dire bonjour à tel ou tel metteur en scène. Au théâtre, je deviens égoïste, je renierais mes amis, comme dit Pierre Perret, je ne supporte pas que l'on me dérange dans mes rêveries d'avant-rideau et même dans mon emmerdement d'après, et je pardonne d'autant moins de me faire suer que je me tiens prêt à l'absolu, à l'émerveillement, au ravitaillement en vol, à la remise en cause, aux larmes, à la révolte, aux rires sous lesquels on s'écroule, prêt aussi aux questions qu'on se pose jusqu'à la mort…

Aussi, d'imaginer que des gens, sortant de leur travail, s'organisent pour les courses, vont chercher les mômes, réservent une baby-sitter, se refont une beauté pour arriver presque à l'heure devant un guichet de réservations afin de retirer leurs places exiguës et très chères, moi, ça me bouleverse ! Oui ça tient du miracle, et jusqu'à la fin de mes jours j'exécrerai les comédiens qui ne mettent pas tout leur talent, toute leur énergie, chaque soir, dans ce qu'ils font ; ceux qui prennent leurs marques une fois pour toutes, qui relâchent et pas seulement le lundi, qui jouent en fonction de la personne du métier qui se trouve dans la salle.

Depuis ma première fois, mon dépucelage à douze ans pour un montage de scènes autour de Molière devant les parents d'élèves, les filles qu'on aime, et les profs du collège Édouard-Branly, tous sagement assis sur nos tables de cantine en position spectacle, je n'ai jamais cessé d'avoir peur. Toujours. Pas une fois je ne suis entré en scène sans ressentir un pincement. Pour cette première fois-là, je voulais me casser une jambe ou un bras. Seule l'idée d'une douleur atroce me retint de passer à l'acte, et aujourd'hui encore une sorte de fatalité me pousse à devancer l'appel, à accélérer le processus : levez le torchon ! allons-y… Une sorte de courage dans la peur, mais la réciproque n'est pas vraie, car il s'agit bien de peur, avant tout. Jouer la comédie c'est accepter toute sa vie de « faire » avec sa peur, d'apprendre à la connaître et, comme dans ces livres chiants de sagesse orientale, mais qui ne disent pas que des conneries malgré tout, la détourner pour en faire une alliée, une sorte de baromètre pour se connaître ou tenter au moins de le faire.

Chaque manifestation de la peur devient une étape avant la représentation, et chacune de ces étapes, vécue et acceptée, m'amène derrière le rideau, à écouter le vacarme amorti d'une salle qui se remplit et reconnaître qu'on en a envie… Beaucoup de comédiens en interview mettent en avant le fait que, au théâtre, chaque soir est unique (en général après vient le fameux « contact avec le public », « c'est là sur les planches qu'est le vrai métier », et le désormais célèbre « retour aux sources » etc., autant de phrases à ne pas approcher trop près de la flamme du cinéma !), phrases bateaux, certes, mais néanmoins plus que vraies, vraiment vraies, c'est-à-dire vraies comme des définitions, des identités remarquables !

Oui, chaque soir étant fabuleusement unique au théâtre, la peur doit donc, par définition, être là tous les soirs, moins cruciale évidemment lorsqu'on se retrouve à la cent trente-deuxième représentation qu'à la première – mais il serait faux ou imprudent de négliger le fameux trac de la cent trente-deuxième, car personne ne peut préjuger de l'ambiance d'une soirée, de son déroulement, et surtout à la cent trente-deuxième. Combien de fois avons-nous été surpris par tel ou tel public que l'on pensait amorphe, et pas seulement d'*Ottenburg*, devant le triomphe qu'il nous réservait au salut (mais le contraire aussi est possible, pour être tout à fait franc...) ! Peut-on soupçonner l'importance de certains faits apparemment anodins qui éloigneront ou au contraire rapprocheront le public du spectacle ? Une excellente représentation peut faire place, le lendemain, à une pâle copie de la veille, sans grâce particulière, une sieste inconsciente et collective sur des lauriers. Un rire absent au rendez-vous peut nous entraîner vers le volontarisme ou crisper les vexés, et le spectacle idéal s'éloigne doucement comme une barque détachée.

Je compare toujours le déroulement d'un spectacle à une expérience qui consisterait à viser une planète lointaine avec un rayon laser ; une erreur infime au départ du rayon peut lui faire manquer l'astre de quelques milliers de kilomètres à l'arrivée... Tout se paye cher au théâtre, même si on peut toujours corriger le tir, se ressaisir, engueuler son partenaire (surtout s'il est petit et sans relations).

Être sur scène, devant des gens, avoir un texte à dire, des gestes à faire, et s'adapter aux rires, aux toux, aux portables, au silence lorsqu'on s'attendait à un rire, à la fatigue, à la surénergie, avoir conscience du parcours à suivre et être capable de l'oublier, savoir que l'on va dire une phrase dans deux secondes et ne plus y penser lorsqu'on la prononce (ce mélange de conscient et d'inconscient !)… C'est pour toutes ces raisons qu'un comédien ne peut pas être son personnage, il a trop de choses à penser pendant qu'il joue ! J'y pense et puis j'oublie, comme dans la chanson. Je compare souvent la conscience d'un acteur en scène à du courant alternatif, un coup il passe, un coup il ne passe plus, mais au final l'ampoule brille quand même.

Il est prouvé qu'un chauffeur de camion dort au volant au moins cinq minutes sur un trajet Paris-Lyon. De la même façon, sur scène, la vigilance s'endort, et on peut très bien être amené à penser à autre chose pendant l'écoute de l'autre, lorsqu'on sait qu'on ne va pas être mis à contribution tout de suite ; c'est comme si la conscience s'était préparé des niches de repos, au fur et à mesure des représentations.

* *
*

Lundi 1er mars 1993

Ce soir on joue La Serva *devant une salle réservée par le journal* Le Monde.

En général ce genre de soirée est mortelle pour les comédiens. Personne n'ose rire, tous étant prisonniers de leur statut donné par leur métier. Ce statut, ils ne l'ont pas abandonné à l'entrée du théâtre puisqu'ils viennent en groupe, en entreprise s'offrant une soirée. Voyagent donc en même temps qu'eux, tels des moustiques dans les avions, les rapports de pouvoir, les influences, les dominations, etc. Or le propre d'un public est d'être un assemblage hasardeux de gens qui ont décidé de sortir ce soir-là et pas spécialement la rédaction du Monde.

* *
*

Un vague bac scientifique m'amène à penser que des salles de huit cents personnes soir après soir représentent un socle de réactions plus stable que dix acteurs sur un plateau. Statistiquement, je crois avoir raison. Après, c'est sûr qu'il peut y avoir des publics plus orientés, lors de soirées spéciales, mais je ne vois vraiment pas pourquoi une salle aimerait un spectacle un soir et moins le lendemain. Par conséquent les acteurs sortant de scène en disant : « Ils étaient bons ce soir », ou « Quel public de merde ! », ou bien encore « Quels bœufs, mais quels bœufs ! », parfois même « Je ne les ai pas sentis ce soir », ces acteurs-là, j'ai le sentiment, à les entendre, qu'ils sont passés maîtres dans l'art de décortiquer la paille dans l'œil du public en oubliant le séquoia qu'ils ont dans le leur.

Le théâtre n'est pas un échange, c'est une semence, et on récolte ou pas ce que l'on sème. Les acteurs parlent, le public écoute, ce n'est pas un échange. Mais le public n'est pas un mur pour autant, même en quatrième position comme certains se plaisent à le dire. J'ai toujours détesté cette expression de quatrième mur imaginaire, désignant celui manquant dans un décor et qui n'est autre que la face, c'est-à-dire le public. Le public, c'est juste des gens qui viennent, avec des motivations diverses, et l'art dramatique va tenter, pour un soir, de les unir. Mais c'est complexe. Une représentation est une modélisation de la théorie du chaos. Il y a tellement de variables qu'il n'est pas possible de prévoir le déroulement du spectacle, d'où la peur et les rites, d'où l'importance capitale des répétitions.

C'est pourquoi, lorsque je perçois chez certains de mes confrères ce sentiment que jouer dépend de l'humeur du moment ou, pis encore, que jouer c'est continuer à chercher son personnage, les intentions, les motivations, le sous-texte, un endroit pour poser cette putain de carafe dont ils se croient perpétuellement affublés, je m'insurge…

Désolé les gars, c'était avant qu'il fallait bosser. Le public n'est pas là pour vous voir réviser vos notes. Tous les soirs, il s'agit de retrouver ce qu'on a « fixé » en répétition, même si le mot n'est pas joli, et non de « réinventer », ce qui me paraît le comble de la prétention – et pourquoi pas « recréer », comme disent les gens qui bossent dans la pub ! « Retrouver » me paraît plus juste, restons simple !

Cela étant dit, on n'a rien perdu, c'est juste une question d'énergie, car tout le reste on l'a, on sait ce que l'on joue, on connaît le texte, on a l'adresse du théâtre et de quoi payer le taxi pour rentrer. Il s'agit plus d'une question d'élan, d'envie, d'entrain, d'entraide, d'entre nous. Et c'est là que la peur nous vient en aide, elle fait monter la pression dans les tuyaux, tous, y compris ceux qui « font aller », comme on dit chez Molière. Alors on s'agite, d'abord tout seul, puis vient le moment où le contact avec les camarades devient pressant, alors on se parle, on se touche, on parle fort, on fait du sport, certains poussent des cris étranges venus d'ailleurs, ça vocalise… (Je pense qu'il serait assez marrant qu'un jour un bon ingénieur du son décide de collectionner tous ces cris d'acteurs d'avant-spectacle. On pourrait, ensuite, les envoyer dans l'espace à bord d'une sonde, histoire de semer le doute chez nos éventuels envahisseurs.) Et puis, c'est la valse des allers et retours entre la loge et le plateau, pour vérifier qu'on a bien vérifié de vérifier ses accessoires. La peur nous pousse petit à petit au rituel, preuve de l'incertitude à venir – toute superstition est une marque d'incompréhension. Le plus pervers, c'est que même le refus du rituel en est un. Toutes les personnes en contact avec la peur balisent leur vie d'objets, de faits et gestes, pour s'accrocher au connu, comme les enfants qui vont se coucher avec leurs doudous. La nuit fait peur, le théâtre aussi, de la même façon. Il y a des acteurs qui descendent au dernier moment sur le plateau, comme s'ils voulaient se tenir à l'écart de cette agitation. C'est le cas de Michel Aumont par exemple. Au début, je prenais ça pour du calme, mais à force de jouer avec lui, il me semble qu'il est comme les copains. Il a peut-être moins peur qu'avant, de façon plus raisonnable et contrôlée, mais lorsqu'on se rapproche, on remarque que ses yeux ne sont pas tranquilles : ça travaille, ça soupèse l'impesable et, dans les conversations de politesse précédant le lever de rideau, on sent que l'attention est ailleurs, les frottements de mains s'accélèrent au fur et à mesure que les minutes passent, et, dès 20 h 31, le regard se fait interrogateur. Il faut y aller, qu'est-ce qui se passe ?

* *
*

Regarder travailler Michel Aumont est une sublime leçon de modestie.

Ce qui frappe d'abord, c'est son silence, sa réserve, qui est tout sauf mystérieuse. Il ne joue pas à l'acteur qui travaille ou se concentre… Il écoute vraiment, sans chercher à comprendre ce que dit le metteur en scène avant que celui-ci ait terminé sa phrase. Il ne s'engueule pas lorsqu'il se trompe dans le texte, mais, sans se départir de l'état dans lequel il se trouve, demande à quelqu'un de le lui souffler.

Il émane de lui une grande politesse vis-à-vis de tout le monde. Cette politesse n'est pas feinte comme celle de son compère metteur en scène.

Il ne s'économise pas, il joue vraiment. En face de lui, on peut compter sur un regard, une voix, une présence qui écoute et qui répond, selon ce qu'on dit et comment on le dit… De tels acteurs sont stimulants pour ceux qui ont besoin de l'être et reposants pour les autres… Il a une chemise de répétition bleue en toile de jean qu'il enfile discrètement, dans un coin, avant de travailler.

Il ne pose jamais de questions.

Il est toujours à l'heure.

(15 février 1993.)

* *

*

D'autres ont besoin d'extérioriser, comme Roland Bertin. Il parle fort. On l'entend venir de loin. Il fait un numéro de duettiste avec son habilleuse (elle fut aussi la mienne). Il commente ses tracas de santé, de logement, les dernières nouvelles du comité. Mais comme pour Michel Aumont, approchez-vous, et ses yeux vous diront que 20 h 30 approchent, plus sûrement que n'importe quelle horloge atomique. Chez lui, la lèvre supérieure vient cafter, elle se tord un peu comme par manque de magnésium.

* *
*

Je voudrais commencer par Roland Bertin, bien que je ne sache pas par où commencer avec lui ! Son aspect physique ? C'est un gros bonhomme joufflu au visage doux et naïf, avec, lorsqu'il parle – et il parle tout le temps –, une sorte de tic au niveau de la lèvre supérieure qui remonte par saccades, ce qui lui donne parfois un air presque dédaigneux mais qui se contente du presque et du parfois…

Très vite on se rend compte que cet homme est bon.

Bien sûr, il peut dire des horreurs sur ses collègues, mais il le reconnaît, et ce n'est pas forcément le manque de talent de ces personnes qui est source de critiques de sa part. C'est plutôt leur manque de gen-

tillesse, leur bêtise, leur fierté. Il grogne, mais ne mord que très peu. Il rouspète contre tout ce qui lui paraît manquer de logique, d'intelligence et de grandeur.

Il bougonne contre lui, il s'appelle « vieille salope », il se trouve gros.

Il n'a pas d'aveuglement face à ses personnages. Il les traite comme lui. À plusieurs reprises je l'ai entendu parler de Galilée comme d'un vieux con, de Bartholo comme d'un vieil islamisant.

L'idée de vieillir le tourmente.

Un jour que je répétais dans sa loge le rôle du petit moine dans La Vie de Galilée, *justement, il me dit que ce qui me manquait encore il le possédait enfin, mais qu'il était vieux maintenant, et il pestait contre le fait qu'on ne peut pas tout avoir en même temps.*

(Juillet 1990.)

Jacques Sereys, voilà un acteur que j'aime… Un fou lucide qui s'amuse à faire du théâtre, qui joue, parce que c'est un jeu avant tout.

Un sens du plateau immense. Aristocrate et saltimbanque… À suivre !

Mercredi 3 mars

À la question : « Que fait le signor Ottavio ? » adressée au valet par la siora Béatrice, Jacques Sereys répond suffisamment fort des coulisses à ce même valet, qui, lui, est sur scène, une obscénité à chaque fois différente. Évidemment, Vincent Dissez, le valet, sort de scène en se marrant après avoir tenté de dire sa petite réplique… À la longue, ce moment est devenu notre rendez-vous et je dois dire que Jacques Sereys est passé maître dans l'art de dire des horreurs de façon très raffinée.

Samedi 6 mars

Fidèle au rendez-vous de la seconde partie de La Serva amorosa, *Jacques, à la même question, a répondu : « Il sodomise le chat. »*

* *
*

Beaucoup des superstitions du théâtre sont issues du monde des marins. Cela remonte au temps des corsaires, qu'il fallait occuper lorsqu'ils n'avaient plus le droit de reprendre la mer après un échange de prisonniers. On les refourguait alors dans les théâtres, car ils étaient assez habiles pour grimper dans les cintres, faire des nœuds et réagir vite et bien au commandement de la manœuvre… Fin du petit point historique ! Quiconque a vu ou lu la mer attentivement comprendra… La mer fait peur.

Une fois, sur un spectacle, *La Mère coupable*, de Beaumarchais, mis en scène par Jean-Pierre Vincent, je remplaçais un acteur démissionnaire dans le très bref rôle de Guillaume, un commis qui vient porter une lettre à Begears. J'avais donc pour tout accessoire une lettre et un bonnet. Eh bien, ces deux objets anodins m'ont causé du souci !

Le bonnet d'abord. C'était le jour de ma première dans ce rôle, j'étais heureux et ça se voyait, fraîchement arrivé à la Comédie-Française, c'était même la toute première fois que j'y jouais. Tout le monde était en scène. Je traînais mes guêtres (au sens propre du terme) dans le foyer des artistes, en attendant que le régisseur m'appelle dans le haut-parleur d'époque. Je m'amusais à lancer mon bonnet pour le rattraper de façon de plus en plus acrobatique lorsque, *damned!*, celui-ci ne retomba pas. Il n'était pas par terre, ni derrière les fauteuils ; un doute insidieux m'étreint, non, si, il était resté accroché au lustre. « Mesdames et messieurs, attention, Guillaume, attention, Guillaume », dit le régisseur. Je me souviens avoir sauté comme un cabri, mais les plafonds sont hauts là-bas et du coup les lustres aussi. C'est une habilleuse, avec un calme qui pouvait laisser supposer que je n'étais pas le premier couillon à me faire avoir, qui a pris un bête balai pour le décrocher et me le rendre comme à un passage de témoin au relais 4 x 100 mètres, car j'avais déjà commencé à courir pour rejoindre le plateau, le régisseur faisant des annonces de moins en moins calmes !

Quant à la lettre, je devais la donner à Jean-Luc Boutté, qui se déplaçait difficilement du fait d'une très grave maladie. Il avait une canne (et ce n'était pas du luxe), il devait décacheter la lettre en scène, d'une main, debout, en s'appuyant à un guéridon. À chaque représentation, je m'attendais à devoir le soutenir ou à ramasser sa canne ou encore à décacheter la lettre moi-même tellement son équilibre était précaire. Cruel spectacle que cette lutte pour marcher, se tenir et enfin jouer ! Un soir, j'eus la flemme d'aller vérifier si l'accessoiriste avait bien pensé à la lettre. Il fallait descendre au premier. Et tous les soirs elle y était, alors à quoi bon ? Oh, et puis zut ! j'y vais quand même. Elle y était, au même endroit, prête, à un petit détail près : il y avait deux cachets de cire au lieu d'un. Je remonte et, pris d'un doute, je demande à Jean-Luc Boutté si cela le dérange. Il me dit que oui, bien sûr, tout en me remerciant d'y avoir pensé. Voilà, c'est con, ce sont des détails mais qui, pour moi, illustrent parfaitement la fragilité d'une représentation.

C'est peut-être ça la concentration, la vraie, pas celle qui ressemble à la mort, qui fait prendre des airs de condamné ou d'inspiré de service. La concentration est une ouverture d'esprit, pas une fermeture. Combien de fois ai-je fait semblant de prendre du temps avant de commencer une scène pour faire comme les autres, qui se concentraient ? Rien que le mot m'énerve. D'abord il y a « con » dedans et « centré », un con déjà c'est pénible, mais un con centré, c'est-à-dire sûr de lui, à l'aise, bien dans ses pompes et dans son rapport avec le monde, c'est terrible. C'est Bob Villette qui, un soir avant une représentation de *L'Île des esclaves*, de Marivaux, me voyant prostré dans la position du fœtus, dans le noir, écoutant au walkman *L'Arlésienne* en boucle, me demanda si ça allait. « Hein ? », répondis-je entre deux coups de cymbales. « Est-ce que ça va ? », insista-t-il. Clac, j'arrête la cassette : « Pardon, oui ça va, je me concentre. »

Il me répondit que ce n'était pas comme ça que je devais m'y prendre, qu'il fallait au contraire rester dans la vie, dans la vérité de ce que l'on fait. Et qu'est-ce qu'on fait là ? On va jouer. Et le voilà qui m'entraîne derrière le rideau d'avant-scène et me demande d'écouter le bruit des gens qui s'installent comme ils peuvent dans nos gradins en métal bien sonorisés. « Tu vois, ils ne sont pas là pour nous faire du mal mais pour passer une bonne soirée. C'est comme à la maison lorsqu'on reçoit des amis. Ils sont heureux de venir et nous de les recevoir, un peu inquiets bien sûr, donc on vérifie les assiettes, la propreté des verres, la cuisson du plat, les bougies, etc. Et quand ils sonnent, on ouvre la porte en souriant. Voilà, c'est tout. »

Petite précision au passage, quand même. Bob est en photo dans un livre sur l'histoire de Rouen à la page concernant le mois de mai 1968, pour son premier mariage hippie, en blanc et fleurs, assis sur les pavés de la place du Vieux-Marché, celle où fut brûlée la pucelle.

Et qui était le jeune marié ? Mon Bob, mon prof, lui maintenant toujours habillé en blanc et noir, hiver comme été, le même pantalon en jersey noir, une chemise blanche et un manteau lorsque le temps l'exige. Lui qui a rationalisé sa vie à un très haut degré de perfection, il a tout fait lui-même ou presque dans ce théâtre du Mascaret à Cléon (autre jolie bourgade du coin, célèbre pour son usine Renault dont les taxes professionnelles nous permettaient de faire du théâtre deux fois par semaine près du champ de courses !). Il peut passer autant de temps à te parler de Brecht que d'un jeu de clefs à pipe en promo qu'il a repéré à Bricomarché. C'est même à se demander parfois s'il ne choisit pas ses mises en scène en fonction des outils qu'elles lui feront acheter.

N'empêche que, depuis ce jour-là, ce jour de flagrant délit de concentration nombriliste, je me colle souvent derrière le rideau mais pas pour voir qui est là, je déteste ça. Non, j'écarte les bras en me collant le plus près possible du rideau, l'oreille collée au velours, pour entendre ce lointain si proche de voix affairées qui « s'enfauteuillent ». La concentration, c'est tout simplement faire ce qu'on a à faire avant de jouer, c'est-à-dire arriver au théâtre, dire bonjour, aller dans sa loge, aller aux toilettes, s'habiller, retourner aux toilettes, se maquiller, vérifier ses accessoires, dernière fois aux toilettes, etc. Ni plus ni moins. Surtout ne pas tricher par rapport à son état physique et mental, ne pas anticiper, rester dans le faire, penser au basique, à des choses simples, concernant l'immédiateté de la représentation à venir. Penser à son personnage ? Il fallait le faire avant ! Là, il s'agit de penser à ce que va faire le personnage, avec quelle énergie il entre en scène pour tenter d'avoir la même… Être concentré, c'est tenter d'être honnête vis-à-vis de soi-même et des autres.

* *
*

Le gros téléphone gris sonnait toujours en Normandie.

* *
*

À Paris, mon colocataire et ami Loriquet tentait de me joindre depuis la rue d'Orcel, près du théâtre de l'Atelier, premier appartement loué dans cette grande ville si sale et si chère pour des étudiants en théâtre. Trois mille francs par mois pour partager, avec des souris et des filets d'air frais, deux pièces, une pour dormir et l'autre pour tout le reste. J'avais trouvé ça avec l'aide d'un gars de province un peu plus déluré que moi, vu qu'il avait déjà goûté la capitale quelques mois avant.

Et puis, il est tombé amoureux de Louisa, alors il s'est barré, et François a pris sa place.

Il fallait faire vite pour se loger, car la rentrée ne prévient pas au Conservatoire d'art dramatique : le vendredi, vous tremblez toute la journée depuis votre audition jusqu'aux résultats en fin d'après-midi, et le lundi vous êtes parisien.

Juste un week-end pour se lécher les doigts. Pour raconter mille fois la bousculade, les ratages et les cris de joie vite étouffés par la tristesse de ceux qui savent déjà que leur vie ne passera pas par cette école et les « chut » inquiets de ceux qui ont encore l'espoir d'entendre leur nom résonner dans ce hall de stuc et de verre.

En ce qui me concerne, je suis arrivé en retard pour l'annonce des fiançailles (Paris est une grande ville pour la province !). Dominique, ma réplique et moi avions passablement sous-estimé la distance entre le demi pression à l'écart de la faune et le 2 *bis*, rue du Conservatoire. J'arrive flageolant. La corrida avait déjà commencé et, pour tout dire, la messe était dite, puisque l'exécuteur des basses œuvres pour les uns, ou Moïse pour les autres, avait déjà affiché les bans, la liste des survivants, ceux qu'on a retrouvés sous les décombres, ceux qui pourront téléphoner à Papamaman qu'il avait raison le fiston d'insister dans la comédie. Les autres, les portés disparus, ils téléphoneront aussi, mais plus tard, car d'abord il faut réaliser, relire la liste, on sait jamais, et puis il avait un drôle d'accent l'huissier, alors j'ai peut-être mal compris ou pas entendu. Et puis il faut bien se rendre compte qu'il y a de la tôle de froissée, alors on sort le constat et tout défile très vite, en quelques minutes faire le point : qui je suis ? qu'est-ce que je vais faire ?

Rien que des questions comme ça sur le trottoir du 2 *bis*, rue du Conservatoire. Je suis un nul puisqu'ils ne m'ont pas jugé digne de rentrer dans cette école de merde où ne sont admis que des fils à papa ou des fils de… Enfin des types qui ont trouvé la combine, et des filles trop mignonnes pour être bonnes comédiennes… On n'est pas à deux ou trois contradictions près. On est malheureux et ça se voit, même ceux qui crânent et jouent les branleurs en riant trop fort dans leurs uniformes de cours privés parisiens. Ceux qui s'accrochent aux filles en pleurs ou en joie, et qui leur expliquent, en grand frère ou en ex-amant sympa, comment faire : « Toi, tu ne dois pas oublier que t'es une sensuelle, et toi une star, une vraie », et autres conneries du même tonneau percé, croyant oublier en pérorant qu'ils ne l'ont pas eu, eux, le « Cons » comme ils disent à la mode du cours Florent. Quant à moi, arrivant hors délai, je me suis dirigé vers la première liste affichée, lentement, par orgueil atavique ou par réaction vis-à-vis de la cohue ambiante, sûrement un peu des deux, soyons pas chien, et là, patatras ! je n'y suis pas.

Pas de Torreton.

Je me retourne vers mon collègue normand qui m'avait donné la réplique quelques heures auparavant, la bouche pincée, prêt à sortir un « bon ben, c'est foiré » mûrement préparé par des années de province et d'école publique, où l'on s'oriente tellement par l'échec qu'il en devient un pote rassurant l'échec, un peu comme le balèze qui défend les petits à la récré, on s'y conforme et les exemples autour sont tellement nombreux, il n'y a qu'à choisir, des forêts entières de rêves amputés par des tempêtes de nécessité, des millions de soupirs qui s'assemblent, ça fait des rafales et des dégâts !

Et puis voilà que mon compère, tel un Sherlock Holmes improvisé, me fait remarquer que je scrutais la liste des Célimènes et des Elvires. Exact, alors vite à droite chez les Alcestes, et vlan ! Ça y est, je fais partie du voyage, mon nom est là, en bout de liste, forcément avec mon « T », mais il est là, et c'est la joie que l'on s'enfile sous le manteau comme une viande de marché noir et que l'on va déguster loin de la pagaille, par respect… Au passage, une connaissance du milieu théâtral rouennais, constatant mon air grave ou projetant sur ma face sa propre déception, me dit : « T'es comme moi, t'es boulé ?… – Non je l'ai », dis-je, incrédule.

Et vite on met les bouts comme des chanceux avec des bottes de sept lieues, direction la gare

Saint-Lazare et la cabine téléphonique pour Papa-maman.

Premier restau un peu chic que connaissait mon Géronte du matin, Mollard en face de la gare, fruits de mer évidemment… On a le temps, le train est dans une heure et demie. Moi je flottais, je voulais le dire au serveur, j'essayais de faire le plus de sous-entendus possible pour qu'il comprenne le blanc et noir de chez Mollard. Première fois que je mangeais du tarama, c'est bête mais ce détail m'est resté comme s'il annonçait d'autres premières, d'autres dépucelages, en série même !

Bienvenue à la fête foraine, Pinocchio, on s'occupe de toi ! En attendant de constater qu'elle était absente, moi ce jour-là j'avais l'impression qu'elle commençait en face de la gare Saint-Lazare, la vraie vie !

Et puis, c'est le retour au village après la bataille, qui fige définitivement le moindre petit détail de cet aller sans retour, dans les postures des icônes communistes, je n'avais pas un marteau dans la main, mais un classique Bordas des *Fourberies de Scapin* commenté par des savants du régime en place, c'était pareil !

Embrassades, oh ! ah ! bah dis donc ! Alors c'est sûr ? Tu t'es pas trompé de nom ? (Qu'est-ce que je vous disais à l'instant !) Coups de fil au frangin en exil, je vais faire des études supérieures, trois ans, le temps d'une licence, il faut bien trouver des équivalences ! Il était heureux et fier le grand frère, comme si on lui retirait un poids, en voilà un de casé pour trois ans. Quelques mois plus tard, il me fit parvenir le plus gros chèque de ma vie d'alors, mille cinq cents balles pour mon anniversaire, ce n'était pas un chiffre rond, juste le premier anniversaire depuis mon avènement à moi, il venait de la Banque transatlantique son chèque, il investissait ! Merci frangin !

* *
*

Cook mon frère
comme je comprends
cette lancinante idée
d'embarquer
d'embarquer
vers ces bouts qui manquent.
C'est pour les papiers
des gens de la marine
tous ces relevés
que tu fais !
Mais de toi à moi
Cook mon frère
c'est bien de ne plus souffrir
ces toits de pluie
du vieux Yorkshire
que tu as mis de l'écume

dans tes naseaux
de paysan
pour être le roi
en bicorne
de ce royaume de toile
de chêne et de sueur
pour être le seul maître
à bord
et certain jour
avant Dieu lui-même.

* *
*

Celui d'en dessous était content aussi, mais comme on vivait ensemble jusqu'à présent, on avait eu le temps d'allonger la liste des agacements réciproques. Il y avait un polochon dans notre lit commun, pas sous les nuques mais en travers pour pas qu'on se touche ; mais là, il ne savait pas s'il pouvait se réjouir de la chambre qui se libérerait dans peu de temps, le laissant tout seul face à la retraite imminente des parents !

Et puis il y a la séance de débriefing chez le professeur, Bob Villette, dans l'arrière-cuisine du théâtre du Mascaret, avec Agnès Dewitt, qui avait eu le conservatoire aussi quelques années auparavant, dans la même classe que Christophe Lambert, qu'elle utilisait comme contre-exemple. Je suis sorti de là en me disant que le plus dur restait à faire. Ils m'ont fabriqué une carapace cousue main pour affronter la capitale et sa faune d'artistes autoproclamés.

C'était décidé, je ferai gaffe en serrant les paluches, en allant au café, lieu où se recrutent les branques, ceux qui ne bossent pas leurs scènes mais qui parlent couramment le Koltès et le Claudel, des patois locaux sans doute.

J'avais mal aux épaules avec tous ces rappels et leurs vaccins, presque la trouille même, comme une envie de ne pas y aller, de retourner à la fac et de bosser cette fois, sans l'alibi du théâtre et de la chose artistique pour sécher l'amphi, de dire à la famille entière qu'ils ont raison, que je restais à table avec eux, dans nos valeurs, ce sont les meilleures et, de toute façon, ça ne sert à rien d'aller vérifier. La liberté ça donne envie de pleurer, c'est comme le vent dans les yeux et, comme le vent, ça emporte ce qui est trop léger et ça casse ce qui est trop rigide.

* *
*

Retour au bercail, il faut téléphoner à mémé. Voilà, elle a un petit-fils qui entre au Conservatoire. C'est bien, elle est contente, si je suis content elle l'est aussi. Elle est tellement au cœur des choses, mémé, que rien ne l'étonne, ni le bien, ni le mal, ni la mort, ni la vie, et dans la vie il y a ce genre de petites joies, et, bah, c'est bien ! Reste plus qu'une vie à remplir avec ça dans le bide au matin, y a intérêt à ce que ça tienne au corps c'est tout… École de clowns, expression trouvée par Mononclandré (son prénom c'était André bien sûr, mais à force d'entendre ma mère l'appeler comme ça d'une traite, faut dire que c'était son oncle, du coup mon père s'y est mis et nous, on a filé le train : Mononclandré, et si on veut faire plus terroir on dit Mononc' et on s'étonne après de jouer Sganarelle !), son frère de la même veine mais en plus causant.

Mon école de clowns, j'aurais bien voulu voir la trombine de certains, persuadés de leur fibre artistique, au moment où cette phrase aurait retenti en plein Claudel dans le *Cantique de Mesa*, « toutes mes lettres depuis un an », boum école de clown ! Ou l'autre qui déclarait à vingt-deux ans être un acteur tchékhovien, reboum, école de clowns ! Merci mémé, merci Mononc', d'être comme vous êtes ! T'es mort maintenant, Mononc', on t'a déposé en dessous, grâce à toi j'ai deux choses en tête : « école de clowns » et il faut se pisser sur la plaie lorsqu'on n'a rien d'autre à se mettre dessus, et n'y voyez pas une métaphore sur le sens de la vie, c'est juste un détail pratique !

* *
*

Je suis une terre sombre qu'il faut
labourer profondément
longuement et semer et attendre
pareillement.
Je ne suis ni l'argile collante
ni la terre de bruyère,
non plus celle-là
noire et riche
des terres d'Ukraine
et des plaines du Far West.
Mais une terre sombre qui peut
tout donner et tout pourrir
une terre à jachère
qui aspire au silence
quand le blé a poussé
et laisse volontiers
chiendents et orties
chardons et pissenlits
la recouvrir, et l'oublier…

(Comédie-Française, dans la loge Talma, janvier ou février 1990.)

* *
*

Quant à mémé, pas de problème pour la rentrée scolaire du clown en herbe, elle en parle à Jacques Michaux, le compagnon de maquis de son jeune frère Bernard, qui sera toujours jeune – tué en juin 1944 en Normandie, il faut le faire ! on en voit dans *Le Jour le plus long* se faire buter au combat ou les mains liées dans le dos à un coin du mur de l'Atlantique, eh bien Bernard, c'est ça, pas de pot, trois ans de résistance pour tirer sa révérence lorsqu'on commence à sortir les lampions !

Et puis dans la foulée, quinze jours plus tard, son papa qui part changer les bœufs et qui ne revient plus, tué par les Boches. On dit dans la famille qu'il les aurait provoqués, ces frisés qui sentaient le roussi, en pleine débâcle avant de se faire ratatiner au prochain pont, qui sera à Rouen sur la rive gauche devant le regard préadolescent de mon père. Ils n'ont pas dû apprécier les larmes amères de mon arrière-grand-père. Et depuis, ma mémé fait souvent ce rêve de remords où elle se reproche de ne pas assez fleurir la tombe de son petit frère le maquisard, Bernard, et puis les journalistes de *L'Éveil* feraient bien de faire leur boulot quand ils commémorent, Gosselin qu'il s'appelait, même quand on est mort pour la France, il faut des appuis politiques pour être dans le journal ! Ma grand-mère cherche en vain son nom dans les articles.

* *
*

Y a dans les yeux de mémé
Un bout de chemin creux oublié
Une enfance de sabots de bois
Où il fallait grandir vite
À l'écart
Et toute seule
Et trouver le courage pour tenir
Dans les engelures
Et le manque de caresses…
Les doigts gourds
Pour cacher ses rires de jeune fille
Et le rouge aux joues
Bien confondu
Avec celui que déposent
L'hiver et le travail en plein air
Combien de départs d'hirondelles
Lui ont fait lever les yeux au ciel
Sans prière
Juste une pause
Entre l'étable et le poulailler.
Et comme si la vie
N'était pas déjà assez
Lourde à tirer
À porter à traîner
À fendre
Et à secouer
Il a fallu
Qu'ils viennent faire la guerre
Dans sa campagne

Et lui voler
Un frère et son père
La laissant cauchemardeuse
Et plus taiseuse que haineuse
Alors elle a retroussé ses manches
Encore plus haut
Qu'elles ne l'étaient
Et le travail a continué
Pour faire vivre
Et faire rêver
Ses filles à elle
La ville
Des hommes
Un métier
Et peut-être même une situation
Si tout va bien.
Dans ses silences
Ses doigts
Jouaient-ils de la flûte
Ou de l'harmonica
Enfin de la musique
Pas de la grande
Non
Mais des airs
Juste des airs.
Tu sais j'y pense
À ton Bernard
Sa tombe est fleurie
Dans ma tête

Grâce à toi
Arrête de t'en vouloir maintenant
Tu peux te laisser aller
T'as plus rien à faire
Qu'à nous regarder vivre
En croisant les doigts
Qu'on soit digne
Pas des héros
Mais digne d'être là
Sur cette terre
Foulée au pied
De bois rabotés
Cette terre de labeur
Et de patience
De silences
Et de pleurs
Qu'on sache dire bonjour
Et sourire
Offrir un repas simple
Au facteur
Payer ses dettes
Et pas réclamer
Ce qui manque…
Connaître l'autre
Par le silence partagé
Les mains lourdes
Posées comme des outils
Sur la toile cirée
Et pas s'en faire pour soi

Maintenant qu'on mange
Des oranges
Toute l'année.

* *
*

Donc, Jacques, c'est le Parisien, un gars de Montrouge, un communiste, le copain du petit frère, un mec bien, qui m'a dit pas de problème tu viens à la maison en attendant de se faire entuber par des proprios du 16e, des fripés un peu sales, qui à ce jour n'ont toujours pas rendu la caution de leur local à poubelles.

Il habitait un petit logement sans salle de bains et mettait de la chicorée dans son café ! Un homme qui croyait en l'homme, un homme d'engagement personnel, il a travaillé aux AGF, syndiqué comme il se doit – à lui seul il revendique des centaines d'interventions pour faire embaucher des fils et des filles de voisins. Il s'est battu toute sa vie, il en garde des médailles sous un cadre en verre, à côté d'un souvenir de Saint-Malo et d'un chien couché en émail vert. Ancien combattant militant, il fouille dans les poubelles et côtoie des ministres, il savait, lui, en 43, contrairement à Mitterrand ! Un dimanche après-midi, au théâtre de la Madeleine, après une représentation du *Limier*, il a débarqué avec son unique rein malade et sa morphine… Tu devrais passer plus souvent à Montrouge, m'a-t-il dit.

Du fond de sa campagne, mémé avait un réseau à Paris. Et me voilà, le lundi suivant, arrivé de la veille, faisant ma rentrée scolaire en théâtre.

Trois jours qu'ils ont donnés, au ministère de la Culture, pour les élèves qui viennent des sous-bois, trois jours pour trouver de quoi s'abriter et que Poquelin reste au sec. Heureusement qu'il y avait le réseau Surcouf en Normandie !

Donc le lundi matin, c'est la rentrée, tout le monde est en bas à faire la queue devant l'huissier qui tient la liste des fraîchement choisis. Il y en a plein qui se connaissent déjà, des cours privés, de l'école et d'ailleurs, inutile de préciser que pour moi le contact est impressionnant, un peu comme Neil Armstrong lorsqu'il quitta l'échelle de son module Apollo.

Dernière vérification, il faut dire son nom au monsieur en costume. Mais pourquoi, pourquoi a-t-il mis un temps fou à retrouver le mien ? Qu'est-ce que je lui ai fait à ce monsieur que je ne connais pas ? Par deux fois, il a parcouru son papelard avant de tomber sur Torreton et de me faire signe de rejoindre les autres à l'étage, juste le temps, pour moi, de me dire : ça y est ! ils se sont gourés au concours, ils ont confondu avec Balleton, rectification pendant le week-end et personne n'a osé me prévenir ! Ah les salauds ! Je savais bien que c'était trop beau pour être vrai ! Vous pouvez y aller, hein ? Mais non, tu y as droit au bonheur ! Vas-y, fonce ! Tu te rends compte, une rentrée scolaire de théâtre, alors que jusqu'ici tu allais au club théâtre, deux fois par semaine, ce n'était qu'une activité ; maintenant, c'est 1789, le théâtre a pris le pouvoir, tu ne vas faire que ça !

Dire au revoir aux amis, à l'amie, Béa ma sœur, que je n'ai jamais eue et que je me suis donné. Elle a tout vu, Béa, et elle sait tout de moi, peut-être plus que je ne le crois encore… On a eu raison de réviser notre Brel et notre Barbara, de prendre des cours de rattrapage au Bateau ivre, de parler des heures en essayant de comprendre les autres et de découvrir petit à petit ce que c'est d'y avoir mal.

Béa, c'est ma constante de Planck à moi.

Je me souviens de son armoire. On y trouvait des trente-trois tours de Brassens, Brel, Ferré, Barbara, Higelin, Véronique Samson, etc. Chez nous, c'était Jean-Claude Pascal, Daniel Guichard, Jean Ferrat et quelques autres… et en moins grand nombre.

Chez Béa, les enfants avaient poussé plus vite, les filles poussent déjà plus vite de toute façon, alors, avec elle, je rattrapais mon retard de garçon, j'améliorais ma photosynthèse. Béa disait toujours ce qu'il fallait dire, même vis-à-vis d'elle, c'est comme ça qu'un jour, sur la table en Formica de la cuisine parentale, elle a tenu à me prévenir que son nouvel amour était une fille, en me disant tout de suite qu'elle pouvait tout à fait comprendre que ça me choque…

Avec Béa on a vu *Midnight Express* et *Birdy*, Higelin à Bercy. Béa jouait de la guitare et chantait bien, nous avons manifesté ensemble tous les jours notre envie de vivre.

À bientôt !

Je quitte la fac, ils m'ont pris à Paris !

Mais avant de sauter à pieds joints dans la flaque, il a fallu travailler ce concours, deux scènes classiques et deux modernes disait le dépliant.

On a retroussé nos manches en septembre pour tenter la traversée en mai, date du premier tour. Mais Bob Villette, c'est un scientifique. Alors pas question d'improviser. Il a téléphoné au Conservatoire pour savoir dans quelle salle se dérouleraient les hostilités. Il y a des projecteurs ? Non. Du coup, le « Qu'est-ce donc ? Qu'avez-vous ? Laissez-moi, je vous prie » se passant sous des néons, il a reconstitué les tables du jury bien alignées comme un premier rang de fantassins.

Combien de fois me suis-je retrouvé en coulisse sous la pluie (le théâtre était tout petit), sous prétexte de concentration, attendant le moment propice pour fulminer en Alceste, doutant même de savoir si je pourrais le reconnaître ce bon moment, celui qui me permettrait de terminer la scène sans entendre le sempiternel « ça ne me parvient pas » de Bob, qui descendait les gradins de bois et de tôles, histoire de me redire la même chose mais de près ! En fait, je faisais semblant de ressentir quelque chose. Combien de fois ai-je repris ces putains de scènes avec pour seules indications un « ça ne me parvient pas » lancé par Bob, qui essayait de varier le ton à défaut de changer de phrase lorsqu'il redescendait cet amas de tubes qui servait de gradins.

Parfois j'espérais un geste, une indication, quelque chose qui provoquerait un déclic dans ma pauvre tête de candidat affolé. Je ne comprenais rien. Qu'est-ce qui ne lui parvient pas ? le son de ma voix ? mes gestes ? les fameuses intentions ? la psychologie du personnage ? mes « tripesmasueurmonsangmeslarmes » ? quoi, Bob ? quoi ? « Il faut que tu m'inclues dans ce débat, car toute scène est un débat ouvert à tous ! »

D'accord ! En attendant, je dis oui pour lui faire plaisir, déjà persuadé qu'ils ont raison ceux qui ne bougent pas, qui n'approchent pas du feu ni du bord, ceux qui, après un repas, attendent deux heures avant de se baigner, qui rentrent avant minuit promis… Oui ils ont raison, je continue pour la forme mais je sais déjà que tout ça n'est pas pour moi. Il faut un truc que je n'ai pas, que Mozart avait mais que je n'ai pas, pas né dans la bonne famille ni dans la bonne ville – celle où ça bouge le soir et le jour, une ville où l'on peut aller rêver en bus ou en métro, pas la peine de prendre un abonnement à la SNCF ou de connaître quelqu'un à la mairie pour avoir des places de théâtre ; une ville qui permet de se poser le cul ailleurs que sur un bac à fleurs municipal pour refaire le monde en fumée de Camel, quand on ne veut pas rentrer tout de suite le soir ; une ville qui ne met pas toute son énergie artistique dans des suspensions de géraniums-lierres et dans les tournées Baret avec Jean Lefebvre ; une ville comme un port ou une piste d'envol, qui autorise le départ ; une ville qui s'en fout de toi, pour le pire ou pour le meilleur, qui ne pense pas qu'à ton avenir municipal, qui s'en fout tellement qu'elle peut te voir riche et heureux sans sourciller.

* *
*

Biscuits et porc salé

Il y a de la voile et de la mâture
dans la charpente de mes poumons.
Un souffle qui me fait mousser l'écume
aux coins de mes premiers sabords,
ceux qui avaient du mal à se fermer le soir.

Ça me va les départs, je les ai déjà pleurés
de toute façon,
j'ai arpenté les quais les hangars j'ai tout en stock
j'ai même les cloques sur mes paumes.

Je me suis amariné déjà
à force de printemps,
quand les fleurs poussaient en jupes
par champs entiers de filles rouges
poussées en onde par la brise…

… et j'en ai vu sauter
et des moins cons que moi,
des garçons
à grandes enjambées
qui revenaient le matin
décorés aux pollens
laper leur gallon auprès de nos désirs en herbes.
Les bras chargés de fleurs coupées
qu'ils allaient faner ensuite sur le zinc.
Déjà fier de cette flore écrasée

Oui je peux partir, les remous,
les plaies purulentes des tempêtes,
j'en ai des souvenirs à fond de tête
qui s'entassent dans le moisi.
Un bois d'ébène accumulé
des heures de veille
couché sur le dos

sous les plafonds trop bas
de nos maisons de poupées.

Combien de fois
je les ai répétés ces abordages
de têtes froides et persuadées
laissez-moi vous montrer
ce coup de main que je possède.
(Des cloques je vous dis, des cloques !)
Une main serrant la drisse
depuis l'artimon
et l'autre qui faseye
une moisson de gifles,
des allers sans retours sur l'autre pont !

Je vous coûterai pas cher
je peux refiler ma part de vivre
dans la disette
je me suis tellement échoué
sur des tables grasses et trop hautes,
où des voix fortes
telles des sirènes de porcheries
attiraient dans leurs sillons glaiseux
les plus peureux d'entre nous…
je prendrai ce qu'il y aura.

… Et vous les boucanés de la gueule
avec vos dents de guano
vous pouvez refouler de la soute à chique

je ne ferai pas la chochotte :
j'ai dans le nez emprousté à jamais
des madeleines pourries
de zones industrieuses…

d'Honfleur on voit Le Havre vous savez.

* *
*

Le gros téléphone gris sonne toujours dans le logement de fonction de l'école Charles-Perrault.

* *
*

Et je ne suis pas là, je suis en vacances, parti avec la famille aux sports d'hiver dans l'appartement de la sœur de mon père.

C'était en 1989, l'année de la pseudo-révolution en Roumanie, le drapeau percé, les bougies aux fenêtres des pays riches, tout un peuple qui ne pensait pas encore qu'il allait se faire posséder dans les grandes largeurs, qui ne pensait pas que la France allait lui donner de vieux bus parisiens et des voitures de police. Chanceux Roumains !

Et moi je ne savais pas que, cinq ans plus tard, j'allais tourner *Capitaine Conan* là-bas, et que l'on se ferait péter la gueule la dernière semaine, en boîte de nuit, sous le simple prétexte qu'on était français. Nous voulions simplement continuer à faire la fête. Il était tard, c'est vrai, et on avait pas mal éclusé, c'est vrai aussi, et surtout on rigolait comme des ânes. Dominique Besnehard, mon agent, venu voir son poulain s'ébrouer en Conan, nous regardait, un peu interdit. Parfois il rigolait, mais sans conviction, pour faire comme tout le monde. On fêtait toujours quelque chose sur ce film, mais cette fois il devait y avoir une raison un peu plus forte que les autres, une date ronde de tournage peut-être, à moins que ce ne soit Tonio venant de retrouver sa brosse à dents, enfin bref nous voilà en vadrouille dans Bucarest *by night*, non sans être retournés à l'hôtel pour nous changer. J'étais en costume et j'avais tenu à remonter dans ma chambre pour passer un jean. Prémonition. Le quatuor s'ébranle, direction une vague adresse d'une boîte à la mode de chez eux.

Il gelait. On était ivres!

Des anciens comiques de la Securitate recasés physionomistes nous regardent passer l'entrée du lieu – il s'appelait le *Vox Maris.* Nous voilà en haut, à l'étage, une bière en pogne et une vague impression qu'on allait se faire chier ici. C'était sans compter sur la faune locale. D'où, pourquoi et comment, on ne sait toujours pas, mais d'un coup une vingtaine de braves mecs nous faisaient face, avec l'air de ceux qui ont trouvé une occupation pour le quart d'heure qui suit, car visiblement ils devaient s'ennuyer comme nous… Je me souviens encore de mon pied qui battait la mesure et c'est à peu près tout car le reste, ce furent des gnons qui pleuvaient de partout, un festival de bourre-pif. Olivier, qui avait compris avant nous le danger et qui avait essayé de parlementer en anglais, était tombé le premier, logique, d'une belle manchette, tout mou devant moi. Éric, qui, lui, n'avait pas cherché à communiquer, logique aussi, par terre comme l'autre. Et les sauvages commencèrent leur danse de mort. Ils tapaient mes deux camarades à coups de pied comme pour les finir, car ils devaient aimer le travail bien fait !

Je les ai poussés comme ça, instinctivement, en écartant les bras comme au rugby pour ratisser, je les ai poussés et ils ont reculé, étonnés que ça résiste un peu. Mais lorsqu'ils ont vu que le plus étonné de ce mouvement collectif était moi-même, la fête à gnons-gnons a recommencé. Petit détail : je me souviens avoir eu le temps de comparer les coups à des chocs électriques, à des « bzzz » dans la tête, sans vraiment de douleur…

Les tortionnaires de l'ancien régime recyclés gorilles nous ont alors sortis de cette averse de chicores, non sans nous faire des clefs de bras qui offraient ainsi nos poitrails et nos faces à la foule pas encore tout à fait repue. Je me souviens avoir sorti mon ticket de vestiaire pour récupérer ma doudoune. Le sang coulait sur le guichet de la demoiselle, qu'il n'aurait pas fallu trop pousser pour m'engueuler de laisser ainsi des traces de moi sur son lieu de travail.

Une fois dehors, dans le froid et la honte, on se compte, il en manque un, merde Éric, mais le voilà, ils nous le ramènent notre camarade, il devait gêner pour passer l'aspirateur, en le traînant par les pieds, un pied en fait, la tête cognant l'escalier à chaque marche, c'est le secourisme à la roumaine. Ils nous l'ont redonné notre Éric, mais tout blanc, les yeux à la retourne et pas vraiment conscient. Un badaud, sous nos yeux, essayait de lui piquer sa montre, je comprends mieux les reportages animaliers avec la valse des charognards autour de l'herbivore éventré !

Pour moi il était mort, Éric, c'était le drame. Je retourne à l'intérieur : « *You kill my friend... I call the police... I call the ambassade... You kill my friend...* » Leur anglais étant plus approximatif que le mien, ils ont préféré adopter le langage des signes, mais des signes bien de chez eux : la torgnole ! Et me revoilà secoué, soulevé, tordu, tapé, et jeté sur le trottoir avec mes potes et les détrousseurs de cadavres, sur le sol gelé de cette ville perdue.

Olivier et Laurent me disent que c'est bon, il est vivant, la preuve, il vient de vomir.

On arrête une voiture, direction l'hôtel. Je

fonce à l'accueil pour demander de l'aide, en premier un médecin et en deux les Nations unies et le GIGN. Voyant mon aspect poire blette, ils se marrent les deux sbires de la Securitate reconvertis dans l'hôtellerie, je vous l'ai dit, la Roumanie n'a pas connu de révolution mais une reconversion. On se fâche de part et d'autre du bureau et puis finalement, très lentement, pour bien me faire chier, un numéro se compose, des secouristes… Le médecin nous demandera de réveiller notre camarade toute les heures et de lui poser des questions afin d'évaluer son état de conscience. Au bout de deux ou trois réveils, à la question « qui es-tu ? », il nous répondit qu'il était le fils du capitaine Conan. Nous étions rassurés !

Maintenant la police. Ils vont voir ce qu'ils vont voir ces barbares, et ils ont vu ce qu'ils ont vu, c'est-à-dire rien ou presque, juste un 4 × 4 de la police qu'il nous a fallu pousser sur le verglas à cinq plombes du mat, et comme il ne voulait rien savoir ce véhicule, le gendarme de Bucarest a usé de son autorité pour arrêter une Dacia et a branché des câbles de batterie à batterie. Pendant ce temps nos lèvres se signalaient de plus en plus à notre souvenir, et pas seulement à cause de la douleur mais visuellement aussi, car, en baissant le regard, je pouvais voir les miennes comme certaines actrices. Notre policier nous a demandé ensuite de monter dans la Dacia pour l'accompagner. Je lui fais comprendre que, vu les lascars qu'on avait rencontrés là-bas, ce n'était pas lui, déguisé en sergent Garcia roumain, qui allait les empêcher de nous filer une resucée. Et là, pour clore ce débat qui mettait en doute son autorité, il nous montre son arme. Un flingue de tapette, pour prostituée de saloon ou pour tricheur aux cartes, un flingue qui se coince dans les jarretières de Chihuahua Pearl.

Nous voilà partis, et le temps qu'on parvienne à prendre des cours de roumain en accéléré, car on a très vite compris que lui ne ferait aucun effort pour nous comprendre malgré nos faces boursouflées, nous sommes arrivés devant le *Vox Maris*, alors que le jour se levait. Il ne restait qu'un vague gardien qui se marrait devant son compatriote, lequel prenait des airs sévères histoire de bien nous montrer qu'il faisait son boulot. Il est reparti, ce con-là, en nous laissant sur ce même trottoir, pile en face de l'entrée, heureusement que la horde sauvage était rentrée se coucher, car à ce moment-là ils auraient pu parachever leur œuvre.

Et puis dodo maintenant !

Je me souviens encore de la réaction de Bertrand Tavernier lorsque je lui ouvris ma porte en ce lendemain de pogrom, avec ma tête de figue trop mûre, mes lèvres gonflées et coulantes. Il voulait m'inviter à déjeuner, mais il est reparti en bredouillant. Cela devait être sa façon à lui de compatir. Le lundi, je ne pouvais pas être filmé de face, et surtout, poilade générale, quand j'essayais de dire « mon colonel », on ne comprenait rien, et comme par un fait exprès je n'avais que ça à dire dans ce plan-là. Je jouais Conan et je venais de me faire péter la gueule ! Comme un signe de la vie. Tu vois, ce n'est qu'un rôle, alors t'emballe pas. Il faisait froid, j'avais le contrecoup, surtout après l'intervention du producteur exécutif qui se croyait malin en me rappelant que j'avais le rôle principal et que c'était totalement irresponsable de sortir bourré à 3 heures du matin. J'ai pris une grande respiration avant de lui répondre que le prochain qui me dirait que nous étions bourrés et que, sous-entendu, c'était de notre faute, je lui péterai la gueule, lui ou n'importe qui d'autre.

Du coup j'envoyais Mimi l'accessoiriste acheter du vin au Roumain du coin. Mais, très vite à court de munitions, j'allais dans la roulante de Richard, le cuistot, qui m'en sortit du bon, enfin du qui changeait passablement de cette piquette roumaine qui se marie très bien à l'huile dans la salade, Murfaltar ils l'appellent leur bibine. Son assistante s'inquiète de mon état en me voyant coincer une larme, et, entre deux rinçages de légumes, elle me dit que c'est embêtant ce qui m'arrive, et très simplement elle commence à me raconter sa vie. Elle a perdu sa fille de vingt ans dans un accident de la route et à la suite de cela un cancer s'est invité chez elle, l'écho du chagrin. Foutue pour foutue, elle a décidé de finir sa vie du côté de Chambéry avec ses petites économies, mais la camarde badinante ne voulant pas d'elle et ses économies baissant, elle s'est résignée à retravailler. C'est pour cela qu'elle est là, ce soir, à écouter un jeune acteur avoir quelques soucis. Merci, madame ! Dans un style différent Roger Knobelspiess, présent sur le tournage, nous dit qu'avec ce genre de loulous il ne faut pas appeler la police mais revenir trois jours après avec de l'essence dans des poches en plastique coincées sous les pulls, foutre le feu dans les chiottes et sortir en hurlant…

Cette idée m'a trotté longtemps dans la tête. D'ailleurs, réconfort ultime, une jeune habilleuse roumaine nous explique que cette boîte est la partie émergée d'un iceberg mafieux, celui d'un clan qui possède une chaîne de magasins, des appuis politiques. Elle ajoute que, quelques semaines plus tôt, dans cette même boîte, un policier curieux se serait fait couper un bras dans les toilettes par ces mêmes gorilles qui nous ont fait des clefs de bras. Information invérifiable, mais hélas pas du tout étonnante dans ces contrées à l'abandon…

On aurait dû se méfier, la couleur et le ton de ce tournage étaient déjà là, en filigrane, dès le départ.

* *
*

J'étais dans l'avion en route pour Bucarest, une moustache fournie et la dernière version de *Conan* comme bagage cabine. En soute, trois ans de peur, de musculation et de lectures, de coups de téléphone, de retards, d'ajournements, de négociations, de mauvaises nouvelles, de musculation encore, d'affolements, d'espoirs, de quasi-certitudes… Mais j'étais dans l'avion, à côté d'un vieux professeur en robotique revenant de Paris et pressé de retrouver sa femme gravement malade. Il sut très vite que je m'apprêtais à tourner un film sur la guerre de 14-18, ne serait-ce qu'à cause de mes soliloques guerriers, scénario fermé sur la tablette et tête en l'air pour réciter… Il me dit qu'il était triste et pessimiste quant à l'avenir de son pays… Plus personne ne transmet le savoir, les jeunes traînent, poings écorchés et goutte au nez, vodka en brique de quinze centilitres avec une paille en plastique collée sur le côté. Je les ai vus sur le tournage, une faune foutue, les enfants de Ceauşescu, les yeux dans le bonnet, sandales et chaussettes dans la gelure, guettant la rapine. Pour eux nous étions un troupeau de gnous…

Vous ne m'avez pas parlé, monsieur le gentil professeur, de ces travailleurs lipovènes, diaspora ignorée d'Europe centrale, grands et barbus, les mains usées comme des manches d'outils. Ce sont eux qui ont creusé les tranchées du film et rempli de terre les centaines de sacs en toile de jute, dix francs par jour, sans casse-croûte, esclaves des Roumains. Vous ne m'avez pas parlé des tsiganes et de la haine qu'ils subissent encore, cinquante ans après l'Europe crématoire, ni de ce gros attablé du côté de Constantza, ce parrain qui savait tout de nous, fêtant le mariage de sa laide fille dans l'hôtel où nous nous trouvions. L'alcool et l'envie de vivre des choses nous avaient précipités dans ses bras aux manches retroussées. Il trouvait que Mitterrand et Chirac c'était pareil. Son préféré en France était « Joan Marrrie Le Pone », et il le disait en tapant du poing sur la table. Ils étaient nombreux autour de lui et se taisaient lorsqu'il parlait. Nous étions deux, Patrick Pineau et moi, et nous savions qu'ils pouvaient faire de nous ce qu'ils voulaient. Pourquoi avions-nous poussé la porte de cette salle où des mafieux privés fêtaient leur réussite dans cette Europe enfin libérée de la mafia collectiviste ?

L'avion et ses conversations ont laissé place au train, un gros train bondé s'extirpant d'une gare grouillante où chaque départ est un miracle. Plus nous avancions en direction du lieu de tournage, plus se formaient des groupes de Français techniciens, acteurs, administratifs. Notre signe de reconnaissance était le scénario qui sortait fatalement d'un sac de voyage à un moment ou à un autre, et les conversations s'engageaient.

C'est ainsi que je me suis mis à parler à un gars de la déco, qui allait et venait entre Paris et Macin depuis quelques mois. Je le bombarde illico de questions et, dans ce feu nourri, l'une d'elles, fatale :

« Alors, ça se prépare bien le tournage ?

– Non !

– Comment, non ?

– C'est la merde, un vrai bordel, rien n'est prêt, c'est une cata !

– Mais nous allons quand même démarrer le film dans une semaine ? dis-je en tremblant.

– Je ne crois pas. À mon avis le film va s'arrêter là, en tout cas, aux dernières nouvelles se tient en ce moment même une réunion de la dernière chance entre Tavernier, la production française et les prestataires roumains. »

J'étais dans le train depuis trois ans et j'avais envie de pleurer… *Capitaine Conan* allait tomber à l'eau, au dernier moment. Tout me revenait comme autant de coups de couteaux. Cette lecture que j'avais faite à mon frère François, en août, chez nos parents, tandis que ma moustache s'uniformisait. Il riait, mon frère, des répliques distillées par la plume de Jean Cosmos, à partir du livre de Roger Vercel. Il me disait que c'était un rôle génial. Il riait, cela me faisait chaud au cœur… On avait le même goût !

Pour rien, ces heures à suer dans la salle de gym afin de passer de Filou à Roger Conan en se faisant mater sous les douches par des mecs qui remettaient leur cravate avant leur slip ?

Pour rien, ces exercices en forêt de Fontainebleau, à ramper dans les fougères, à s'égorger avec des bouts de bois et à lancer des pommes de pin dégoupillées en essayant de ne pas avoir l'air trop bête devant les classes vertes des écoles des environs ?

Pour rien, cette rencontre avec Roland, notre instructeur en guerre ? C'était le papa d'une fille de la production – Bertrand l'avait repéré parce que, comme Conan et ses collègues, il avait été mobilisé – mais lui, c'était l'Algérie –, et que, comme Conan, il avait utilisé le couteau contre une sentinelle pour le simple fait que l'administration guerrière française s'était trompée et l'avait envoyé à dix-huit ans rejoindre un commando de chasse. Alors, une nuit de traque, son chef lui avait dit : tu vois le « fel » là-bas, t'y vas au couteau. Et le voilà rampant, écartant les branches, retenant les cailloux, plus que deux mètres, deux techniques, la gorge ou le ventre à la fin des côtes en remontant la lame. Il n'a fait ni l'un ni l'autre, il a sauté et frappé comme il a pu, comme on vomit… Et après, on se dit que le cinéma n'est pas la vie, on y meurt trop bien…

Tais-toi, Roland. C'est pour rien ta confession,

car on arrête, on jette l'éponge, tout ce que tu m'as dit devant une truite meunière, dans cette auberge en bordure de forêt, et que tu n'avais même pas dit à tes enfants, peau de balle, le cinéma plie boutique…

Merci, Gabriel Chevallier, tu peux ranger ta *Peur*, Dominique Richert, je te rends tes *Cahiers d'un survivant*, et toi, Dorgelès, tes *Croix de bois*, tiens, Barbusse, reprends ton *Feu*, j'arrête de fumer ; et toi Remarque, je tourne le dos à ton Ouest qui n'a décidément rien de nouveau, et toutes ces lettres de poilus, j' vais en faire un feu de peines et de désillusions…

Un train stupide arrive en gare de Macin. Bertrand est là, dans la foule, avec Valérie Othnin-Girard, son assistante. Il vient saluer ses morts pour le cinéma. Je saute du train, directement vers l'assistante : « Dis-moi seulement si on tourne dans une semaine ? »

Après un temps qu'elle met à profit pour m'isoler, elle me dit que oui, dans le désordre, dans la pagaille, il faudra être patient et souple, mais oui, on tourne, ça vient de tomber, mais c'était moins une.

« T'es sûre ?

– Oui, je suis sûre. »

C'était faux, elle m'avouera à la fin du film qu'elle m'avait menti, la réunion en question s'étant terminée par un ultimatum de Tavernier, sommant les prestataires roumains de lui apporter les preuves que le matériel réclamé serait livré… Et lorsque, la fleur au scénario, le gros de la troupe est arrivé en gare, absolument personne ne pouvait affirmer que le tournage allait commencer… Heureux les simples d'esprit, le royaume des cieux leur est ouvert.

Voyant mon affolement, elle n'avait sans doute pas osé me dire la vérité… Même précaution lors de cet incident survenu en cours de tournage, en deuxième ou troisième semaine, Canal Plus faisant savoir à Bertrand que TF1, furibarde, annulait ses accords de production si Lescure ne virait pas l'équipe des *Guignols de l'info*, responsable d'un sketch qu'elle jugeait diffamatoire, un sketch où il était question de Le Lay, de Le Pen, de Sébastien, de carotte, d'anus et d'audimat… Lescure refusant de céder au chantage, il assurait Bertrand de son soutien en cas d'exécution de la menace… TF1 se retirant, c'était un tiers du budget du film qui disparaissait…

Finalement tout est rentré dans l'ordre. TF1 est restée, et Bertrand a certainement coupé au montage un petit additif expiatoire dans lequel on pouvait voir deux figurants troufions nommés Le Lay et Mougeotte se faire traiter de tire-au-flanc par un sergent nerveux…

Grâce à ce pieux mensonge de Valérie, rien ne pouvait désormais m'atteindre, le film allait se tourner, elle me l'avait juré… Je pense même être allé voir le crâne d'œuf pessimiste de la déco pour lui annoncer que le Christ était parmi nous… Dès lors j'étais recouvert de tungstène, le film allait se faire, les ordres étaient hurlés à bord de mon rafiot, tenir quoi qu'il arrive, le film allait se faire et je n'allais plus dormir, je n'allais plus penser en redoutant, mais sortir de cette crainte… Je suis libre puisque je vais tourner ce film de trois années… Je peux mourir au combat, parler fort et boire beaucoup le soir…

J'allais pouvoir de nouveau maudire les dimanches, qu'on retrouve même au cœur de ce métier déraisonnable… Et ces jours absurdes décrétés par le plan de travail, ces jours qui me laissaient en rade à l'hôtel. Insupportable, inenvisageable ! Alors je rejoignais quand même l'équipe et demandais la permission d'être figurant, pour être là, au cœur… Et ce fut comme ça pour les quatre premiers jours. Bertrand avait décidé d'attaquer direct par la mise en branle du régiment, mille figurants loués par l'armée roumaine, arrivés l'avant-veille et à la diète depuis trois jours, comme les chevaux qui n'arrivaient même pas à traîner derrière eux les canons de 75 et leurs carrioles…

* *

*

C'était l'hiver
la pluie à jamais
la peur au vent
et le boyau qui gronde,
la peau du doigt collée sur l'acier gelé
le souffle court et la fumée longue…

C'étaient nos copains les chevaux !

C'était le printemps
des bulbes d'hommes
qui germent dans une terre déterrée
des giboulées de sécateurs
et la peur en moignons

C'étaient nos copains les chevaux !

C'était l'été
le blé à semer
comme un appel
la peur en essaim
sur les panses gonflées
des fauchés d' la journée

C'étaient nos copains les chevaux !

C'était l'automne
Les feuilles mortes
s'il y avait eu des arbres

des vendanges de collègues
éternels attardés
dans les vignes barbelées
la peur d'argile
dans nos veines vénéneuse…

C'étaient nos copains les chevaux !
Aussi de les voir
éclabousser l'alentour
en lambeaux suspendus
après l'obus,
ça nous en foutait un coup !

(Hiver 1998.)

* *
*

J'étais vert, vert soldat des Dardanelles, moustachu, gabardine et sac de toile, clouté aux pieds et casserole sur la tête, c'était un dimanche d'octobre sous ces cieux clairs d'Europe centrale, pas encore trente ans, perdu et heureux dans cet embouteillage de faux et de vrais, dans cette pelote de câbles et ces crachats de talkies saturés, perdu et heureux dans cet espéranto bricolé à base d'anglais, de roumain et de doigts tendus, perdu et heureux dans ces odeurs humaines et matérielles…

* *
*

« Impressions guerre », 4e jour de tournage

L'ordre a été donné, le grand ruban de casseroles meurtrières est en branle… Le 148e avance, des manches galonnées à bêtise jusqu'au peigne-cul de mulet, en passant par la roulante graisseuse de pattes, tout cahote tressaille s'arrête recule et repart. Il paraît que l'on va se battre. Cette déambulation de ferraille a donc un but, et c'est une armée en marche ; ça tonne un peu ici ou là, quelque part, plus haut derrière les crêtes poussiéreuses.

Pour l'heure, les hommes sont collés comme des mouches au cul des camions. Les rangs se font et se défont au gré de la dysenterie qui les vide le long des routes, dans les fossés. Je les engueule par habitude, je remonte moi-même des frocs merdeux en les poussant dans le rang ; ça rouspète et je n'entends rien. Il faut que je me concentre pour comprendre ce qu'ils me disent, comme si tout était loin de moi depuis longtemps déjà. Ce ne sont que des bouches muettes qui s'ouvrent et se ferment au gré des milliers de tracas du soldat en marche…

« Que puis-je faire maintenant ? », dis-je à Valérie, ajoutant une question aux trois mille réponses qu'elle était en train de semer aux alentours.

« Trouve vingt-cinq soldats habillés, maquillés et armés, range-les par deux, mets-les derrière ce camion et prends un talkie avec toi. On reste en contact… »

En attendant, c'était… l'attente, les roulantes pour une fois pleines et chaudes étaient reparties depuis longtemps. Dans les tranchées bordées de poitrines trop étroites quelques cigarettes s'aspiraient et s'expiraient, sous quelques paires d'yeux trop ronds…

Peu de mots dans ce tohu-bohu silencieux, ou tellement simples que cela pouvait faire rire. Les tirs de barrage retournaient la terre déjà retournée, déterrant ce qui était enterré…

Un gradé regarde sa montre, en évitant de croiser l'attroupement de regards autour de lui, peur d'y lire leur peur, ou d'y voir la sienne.

Il vérifie, pour rien, son équipement, tout en regrettant immédiatement son geste, car il venait de le faire quelques minutes avant… Les obus éclatent en aveugle, avec la force d'une matière qui ne devrait pas éclater. S'ils restent trop longtemps dans les boyaux, ils vont tous se retrouver enterrés avant même de mourir. Déjà, les allers et venues des brancardiers et les cris qui émergent de la stridence de l'acier qui s'active indiquent que des centaines de paquetages auront été endossés pour rien, que des centaines de casques ne résonneront pas au coup de sifflet du gradé fébrile qui vient maintenant de sortir son revolver de sa coque de cuir trop neuve. L'œil attaché à sa montre, l'avant-bras posé sur le dernier échelon de l'échelle de sortie, le souffle court et le dos liquide, il compte à rebrousse-peur le temps qui les sépare de la refonte.

Il va falloir s'extirper, se hisser, pousser au cul celui qui est devant, qu'il soit mort ou bizarrement en vie ; alors qu'on imaginerait un terrain plat, une ligne de départ franche.

Rien n'est fait pour l'exercice, du fusil trop long qu'il faut poser ou tenir d'une seule main si l'on veut monter rapidement au manteau lourd et à ces couches de vêtements qui n'autorisent que ce petit pas de course ridicule, guère plus martial que le trottinement d'un vieil homme derrière le tram qui redémarre…

Soudain, plus terrible que les hurlements de l'acier zigzaguant dans les chairs, le bois et la terre… Foudroyant les tempes, les poitrines et le bas-ventre, le coup de sifflet retentit !

(Décembre 1995.)

* *
*

C'était parti pour de bon… Isabelle Huppert fait quelques pas, un petit pas pour elle et un grand pour moi :

« Mesdames, Mesdemoiselles, Messieurs, bonsoir ! Cher Daniel, cher Fabrice, cher Charles, cher Patrick, cher Philippe, dans cette enveloppe j'ai une bonne nouvelle et quatre mauvaises… » Anne-Marie était enceinte dans ce théâtre des Champs-Élysées. Toscan dans les coulisses de son chagrin, carcasse sanglotante dans mes bras, je suis si heureux pour toi… « C'est par là… S'il vous plaît… Par ici… Quelles sont vos impressions ?… Regardez-moi… encore une, SVP… » Le *Fouquet's*, Fanny Ardant et Fabrice Luchini dans nos basques… Dimanche matin, Marie dans mes bras trop serrés pour ses cinq ans. Papa, maman, Jacques Brel… Amsterdam, et des larmes enfin…

* *
*

Quand j' reviendrai
y f'ra beau
Mais p'tet qui p'euvra
quand même ;
vous s'rez t'y morts
vous autres
ça fait un bout
que j'arrive plus
à me rappeler d' vous
vous qui m'avez laissé partir
juste pleuré su' l' quai
mais parti quand même
sous les pluies mauvaises

m'avez pas retenu
m'avez pas caché
sous les jupes
ou l' fumier.
Rien à foutre
d' vos colis
je m' f'sais livrer
des hôpitaux d' l'arrière
des pansements d'infects
pour m'infecter le sang
et quitter la ligne…
pas osé trancher l'index
y fusillaient pour ça !
Pas causant à l'aller
taiseux au r'tour
voilà c' qui vous r'vient
récupérez vot' mise
le branl'bas est fermé
et l' gros lot
est un mauvais
j' dis plus merci ni bonsoir
j' dors avec mes grolles
j' réponds plus aux cons
et j' passerai mes journées
à tuer les rats…

* *
*

Dring qu'il faisait, le gros téléphone gris en attendant !

* *
*

Et quelques jours avant, la maman qui se faisait du souci pour son saltimbanque de rejeton qu'elle avait mis au monde vingt-quatre ans plus tôt, un gros bébé de quatre kilos et demi, moche et joufflu, un peu les mêmes joues que Louis Armstrong mais sans la trompette qui fait tout comprendre !

Oui, elle s'en faisait du souci. Deux ans et demi auparavant, c'était la joie de l'annonce de la réussite au concours du Conservatoire. Puis, la réalité du métier de comédien est entrée petit à petit à la maison, le chômage comme un spectre, un système d'allocations compliqué, avec ces heures qu'il faut faire pour y avoir droit, et puis ces agents qu'il faut avoir, pour quoi faire au juste ? Et les directeurs de…, comment tu dis, déjà ? « casting » ? Une école supérieure sans diplôme, qui conduit tout droit aux galères, une école d'État qui donne des bourses en pièces jaunes à ces futurs rois et reines de tragédie. Pas étonnante, la proportion de fils de riches dans le métier. Le péage est là, à l'entrée. C'est Paris, démerde-toi pour trouver une piaule, des relations, de quoi bouffer, et être au courant de ce qui se passe.

« Pourquoi tu ne fais pas des "castings" comme ton copain qui va tourner avec machin l'été prochain ? »

Comment il a fait, celui qui n'était même pas mon copain ? Pas un super comédien pourtant, mais voilà, c'était lui, a décidé le grand réalisateur, il devait correspondre, avoir la gueule, en tout cas il était en orbite autour de la classe. On sentait (ou est-ce ma jalousie qui lui projetait ça en pleine face ?) qu'il était déjà loin, au chaud, parmi les choisis. Il va pouvoir croiser des gens, devenir copain avec des connus, et alors toi, quand est-ce que tu nous décroches un truc, un rôle même un petit, ou de la figuration, non, c'est bien payé ? En attendant d'avoir un rôle, ce n'est pas plus bête qu'autre chose, ou alors des pubs, ça c'est super bien payé…

Mais maman je n'ai pas fait le Conservatoire pour faire des pubs. Si jamais je n'arrive pas à jouer, on examinera la question de plus près ; mais en attendant, *please*, rêvons un peu en lisant Shakespeare, oui mais ta troisième année se termine dans six mois, bah oui, dans six mois, être ou ne pas être comédien, telle est ma question, encore six mois pour s'engouffrer dans les belles phrases cruelles de Marivaux, un sursis pour essayer de rendre compte du subtil travail sur la sincérité de Iago, un petit rabiot encore pour se pinter à Pinter, une prolongation pour tenter une dernière fois de ne pas avoir l'air con dans Racine, un arrêt de jeu pour jouer encore avec Florence dans les amoureux et tenter de lui dire que c'est un peu quand elle veut, et que je n'ai pas choisi cette scène uniquement pour les beaux yeux de Carlo Goldoni, un pourvoi en cassation pour convaincre mon pote Cassignard qu'il peut jouer *Le Misanthrope*, même si on se marre un peu au début, je te jure qu'après on s'y fait et arrête d'imiter Montand, s'il te plaît !

Oui, un petit peu encore de ces discussions à n'en plus finir, au troquet, sur la scène, en cours ; de ces rêves à voix haute de mises en scène définitives, de distributions idéales, imagine, toi dans Machin et elle dans Trucmuche ; ces avis qu'on donne alors qu'on ne nous demande rien. Laissez-moi encore ouvrir la porte d'un studio de répétition le matin, lorsqu'il n'y a personne, et rassembler les quelques accessoires pour la scène que je vais passer tout à l'heure. Pas facile de faire tomber des gouttes d'eau du plafond lorsqu'il n'y a pas de plafond, une goutte qui tomberait à intervalles réguliers pendant la scène entre Iago et Othello, pile dans un large cendrier en aluminium, et puis dans un autre cendrier brûlerait une sorte d'encens pour faire confiné. Le problème est surtout : comment fabriquer un escalier de trois mètres de haut pour faire arriver Othello par le dessus, comme s'il se rendait dans l'antre de Iago, dans le fond d'une grotte où se terre l'araignée vénéneuse du doute, avec seulement deux tables, quelques bancs, un ou deux paravents passablement troués ?

Laisse-moi, maman, savourer ce pain blanc, cette gratuité, même si, depuis deux ans et demi, vous complétez la bourse tous les mois. Oui, je suis interdit bancaire par le Crédit agricole... Mais ne t'inquiète pas... Je bosserai, promis, et je vais même te dire une chose : je préfère travailler chez McDo que de poireauter sur un banc avec des comme moi, fumer ses ongles en attendant qu'un cocaïnomane me dise que, finalement, ce n'est pas moi qui aurai la chance de vanter les mérites du nouveau gel qui débouche tout. Je préfère faire un autre métier. On s'y abîme moins que sur cette périphérie où l'on peut avoir l'impression, en plissant les yeux, d'être quand même un comédien.

Encore un peu de ce vin pur avant de le couper...

Encore un peu de ce prof en santiags, en bracelets et en Dunhill, en chemise blanche BHL et en manteau long et sombre, qui nous a dit en début de troisième année que chaque scène passée devant lui devait être un mini spectacle de cinq minutes. Je lui ai obéi au monsieur.

Je n'ai jamais passé une scène chez Daniel Mesguich sans avoir pensé aux décors, aux costumes, aux maquillages, à la bande-son, à la lumière et même, parfois, aux effets spéciaux... Il avait raison, Mesguich, il faut être au spectacle, parce que réfléchir au décor, c'est penser à la pièce, à ce qu'elle raconte, et cela suppose de la lire, car il m'est arrivé de travailler avec un Othello qui ne me disait que des conneries sur la scène en chantier. À force, inquiet, je lui demande presque en plaisantant, mais avec une espèce de prémonition quand même, s'il a lu la pièce ; eh bien, il me répond que non et ajoute sans fierté ni honte, sur un ton normal, un « pourquoi ? » qui me laisse sans voix.

On touche ici du doigt la limite du travail de scènes dans les cours d'art dramatique. Celles-ci, photocopiées avec deux bandes noires de chaque côté, raturées à cause des coupes qu'on y pratique pour ne retenir que les best of, pliées en deux pour aller dans la poche arrière du 501, avec deux ou trois numéros de téléphone de Desdémones, d'Elvires ou d'Aricies potables, deviennent une sorte d'entité dans l'absolu. Or, il faut jouer une scène exactement de la même façon que si on devait interpréter tout le rôle, ni plus ni moins. Une scène ne résume pas une œuvre. Il faut la jouer pour elle-même, et tant pis si un des aspects du personnage ne se révèle que plus tard, de toute façon la scène, on l'interprète devant des gens de la profession qui ont vu quinze mille Alcestes avant toi !

Rosine Margat, directrice du cours Simon, un

saigne-famille, m'a bricolé comme ça, avec la célérité mécanique du travail à la chaîne, une scène en coupant-collant, raturant, pour faire une combinaison de mots absolument pas voulue par l'auteur, un pauvre texte de Rezvani qui n'avait pas mérité ça. Quand on pense aux scrupules de Louis Jouvet, qui, au début de sa carrière, allait jusqu'à ne pas écrire le nom des comédiens sur le programme, car seule comptait d'après lui la pensée du poète ! Il a changé par la suite évidemment, et tant mieux, car un auteur dramatique sans les acteurs n'est rien, absolument rien, il faut être joué.

Une parenthèse sur ce cours privé : je me souviens encore de l'index droit de ma mère pointant une publicité en bas de page d'un *Nouvel Obs* paternel : cours Simon, un enseignement de qualité pour la modique somme d'un tiers du Smic de l'époque par mois.

Elle voulait faire quelque chose pour son fils, qui se demandait pourquoi il était en première année de lettres modernes à écouter des professeurs le dégoûter de la littérature dans cette université où il fallait parfois en venir aux mains pour avoir une place assise, une université faite de barres d'immeubles où rien ne fermait, de matériaux choisis pour faire le plus de résonance possible, afin d'affoler les petits bacheliers… Chaque étape de la vie scolaire semble être faite pour ça : affoler le nouveau venu. On devrait créer des cellules psychologiques pour les sixièmes, les secondes et les première année de Deug…

J'allais en fac parce qu'une fille que j'aimais y était, et j'avais pris lettres modernes parce qu'elle avait fait lettres modernes – et accessoirement pour le théâtre, que je n'arrivais décidément pas à lâcher.

Mais le pacte avait été respecté : « Passe ton bac et ensuite tu pourras, si tu le souhaites, faire une école de théâtre… »

Donc, maman tenait sa promesse.

* *
*

Pourvu pourvu que le vent souffle
Que s'envole le léger
Ce qui doit s'envoler…
Pourvu pourvu que le temps passe
Que s'espacent les pensées
Celles qui doivent cesser.
Pourvu pourvu que la pluie tombe
Que se noient mes larmes
Avant que de rentrer.
(1998)

* *
*

Je pleurais sur mes partiels et le doigt de ma mère me montrait l'encart publicitaire... C'est cher mais bon, si c'est ce que tu veux... Est-ce cela que je voulais ? Comment savoir ? Il faut essayer... Train, carte d'identité poche droite, métro place Voltaire, bonjour, asseyez-vous... La directrice est là, à me raturer une scène les yeux fermés... Concours, attention travail, ici d'abord gratuit, et si vous êtes reçu à la rentrée chèque d'avance. C'est du sérieux, je peux ne pas être pris.

Eh bien, si ! Trois semaines plus tard, nous étions tous pris sauf un, pour l'exemple !

En septembre, les mensualités du cours Simon avaient augmenté un peu, d'anciens élèves ayant repeint les locaux. Normal ! Nous nous retrouvons nombreux dans une salle qui n'aurait jamais dû contenir que des balais ; au fond, une rehausse de moquette indiquait sans doute que c'était là la scène... Tu n'as pas payé ? Non, pardon, j'ai oublié... La prochaine fois sans faute... Promis.

Un élève était sur scène, un Black et, devinez quoi ? Il jouait Othello... Un monologue... Le professeur l'interrompt... À ce moment-là tu regardes le patron ! L'élève ne comprend rien, nous non plus, mais il n'ose pas le dire. Il repart en coulisse, fait un pas chassé sur le côté et reprend... Non, je t'ai dit de regarder le patron à ce moment-là... Gêne générale, il dit oui, s'excuse et recommence. Le moment fatidique approche, il jette un regard où il peut. Pas de bol, ce n'était pas là qu'il fallait zieuter, mais là. Attention, la dame se fâche... Je t'avais dit de regarder le patron ! Pardon, madame, mais c'est qui le patron ?... Le patron c'est lui, René Simon, le portrait qui est derrière moi au fond de la salle, voilà, quand tu dis cette phrase je veux que tu le regardes !

Ce qu'il fit.

Et moi, je me suis éclipsé dans Paris avec la honte de celui qui sort d'un peep-show. Une seule adresse en poche, celle d'un copain comédien, ami de Daniel, un pro comme lui, qui m'avait dit : si tu ne sais pas où dormir, viens chez moi... Ce n'était pas chez lui. Il squattait chez un couple d'amis, il n'y avait qu'un lit dans cette chambre d'emprunt et il a voulu me sauter, j'ai attendu le premier train coincé dans la cuisine entre le radiateur et le réfrigérateur...

Allô, Bob ? Finalement, je veux bien le tenter ce concours du Conservatoire national SUPÉRIEUR d'ART DRAMATIQUE...

* *
*

Nous sommes une quinzaine, réunis autour d'une grande femme aussi impressionnée que nous, Madeleine Marion. C'est donc elle qui va nous expliquer qu'on n'apprend pas le théâtre. Je suis déçu. J'espérais Michel Bouquet, parce qu'il était certifié grand acteur par Bob Villette, une sorte de Label Rouge, alors moi je voulais Bouquet. Manque de pot, il enseignait son art jusqu'à présent aux « première année », et là, juste quand j'arrive, il passe aux « deuxième année », tant pis, ce sera pour l'année prochaine. En fait il prendra sa retraite au mois de juin !

Quelques années plus tard, à Lyon, en tournée avec *On ne refait pas l'avenir*, je déjeunais avec mon camarade Serge Maillat dans un excellent restaurant près du théâtre des Célestins, quand, soudain, notre administratrice de tournée arriva à notre table et, toute rouge, me présenta à Michel Bouquet, avec lequel elle déjeunait à une table voisine. Je me levai, ravi de faire enfin sa connaissance, et quelle ne fut pas ma surprise d'entendre alors de sa bouche qu'il avait beaucoup d'admiration pour moi. Sa femme, Juliette Carré, opinait du chef derrière lui. Je lui fis remarquer que c'était le monde à l'envers, mais je peux dire que, ce jour-là, j'ai bu du nectar de petit-lait.

* *
*

On se présente, assis en rond autour de Madeleine, dans ce studio A ou B je ne sais plus, une salle avec, de part et d'autre de la scène, des espaliers qui me serviront plus tard de croix pour crucifier Polyeucte dans un périlleux exercice de dramaturgie commandé par Bernard Dort. On se présente, en ce premier jour de rentrée au Conservatoire. Nous allons travailler Racine et la tragédie classique en général, nous informe cette femme à la voix si douce et aux bras si longs. Un régal qu'elle devait être pour les amoureux de l'alexandrin ! Jamais lu Racine, moi. C'est le moment de s'y mettre, me dira quelques jours plus tard le directeur, Jean-Pierre Miquel, en rigolant. Il avait raison, c'était l'occasion…

Oui… Sauf que, je ne sais pas pourquoi, mais j'ai toujours eu le sentiment bizarre que Racine n'était pas fait pour moi. En fait, comment dire ces alexandrins ? Comment réussir à faire croire au public que c'est moi qui parle comme ça ? Que ce n'est pas une maladie ? J'ouvre la bouche, et ça sort en vers de douze pieds à chaque fois ! La mission m'a toujours paru impossible à remplir. Et pourtant, c'est beau, ça c'est sûr, et pas compliqué si on ne s'affole pas en le lisant. Mais à vingt ans, ce n'est pas si simple de jouer Hippolyte devant une Aricie très belle et intimidante, car elle avait déjà une réputation de grande actrice celle qui m'avait proposé de travailler la scène ensemble pour la passer devant Madeleine. En face d'elle, avec un Racine dans chaque main, j'avais juste l'impression d'avoir gardé mes bottes en caoutchouc, d'avoir une haleine de gibbon et qu'il me fallait très vite réapprendre à marcher normalement si je voulais continuer dans le métier. Exactement comme dans la cour du lycée des Bruyères lorsque je me sentais observé, ce sentiment pénible qu'un tribunal vous note, vous juge sur votre démarche et votre allure, et que vous ne pouvez décidément rien faire pour la corriger, tu marches comme un con et c'est à vie ! D'ailleurs ils ont ri, mes camarades, surtout quand je me suis déshabillé en lui déclarant mon amour, genre tee-shirt déchiré à la Marlon Brando dans la cour de l'immeuble… Mon arc, mes javelots, mes flèches, tout m'importune, je ne me souviens plus des leçons de Neptune, en titubant et en se disant que ce n'est pas gagné après chaque vers.

Mesguich nous dira plus tard, en troisième année, qu'il faut assumer l'alexandrin au point de jouer le fait même de ne pas comprendre pour quelle raison je, c'est-à-dire lui, le personnage, parle comme ça. C'est rigolo cinq minutes, mais cela ne tient pas pendant deux heures et demie, et puis si cela nous arrivait dans la vie, on ne continuerait pas à raconter nos malheurs à un domestique sous-payé en s'appuyant sur une colonne en malachite, on foncerait chez un spécialiste des troubles du langage.

* *
*

Il y a des tonnes de choses à comprendre avant de s'attaquer à Racine. Il devrait être réservé aux vieux acteurs qui n'ont plus à prouver qu'ils sont forts, beaux et puissants, et intérieurs en même temps. Il faut savoir lâcher du lest si on veut décoller avec Racine ; mais même pour les perdreaux des années passées, le piège existe aussi de toute façon : celui de se regarder jouer en premier, tout est beau dans ce texte, donc moi aussi je dois l'être, et paf dans la fosse d'orchestre… En attendant, on peut toujours admirer l'habileté de tel ou tel comédien, les liaisons, les fameux « e » muets, les voyelles blanches à contretemps de notre cher Michel Bernardy, professeur de langage au Conservatoire, la posture, etc. Mais à vingt ans ! Et lorsqu'on en voit certains à trente, à quarante et plus, se fourvoyer dans la beauté de ce qu'ils disent, on est en droit de penser que ce n'est pas gagné !

Plus on se rapproche de l'intimité de la lecture, plus les gens ont l'air d'apprécier. Tout le monde a en tête un acteur ou une actrice qui ne faisait rien, si, au troisième acte elle levait le bras pour indiquer la sortie et c'était fabuleux ! Un peu comme la joie des médecins quand le patient de la chambre 22 bouge enfin ses sourcils après trois semaines de coma. Ça fait toujours plaisir ces choses-là !

* *
*

Je me suis souvent demandé pourquoi, à l'école, on commençait avec Molière. Mais c'est vachement dur, Molière, à douze ans. On ne comprend rien, c'est truffé de mots totalement oubliés, et ça laisse aux élèves l'impression désagréable que ce n'est pas fait pour eux, Molière, et donc que le théâtre, du même coup, « c'est un peu comme le foot pour les pédés ». Alors qu'il existe partout dans le monde des auteurs vivants, écrivant avec des mots d'aujourd'hui, qui permettraient d'aborder l'art dramatique sans ce genre de complexes castrateurs, pas question d'abandonner Molière ! Mais on peut le remettre à plus tard, quand les bases sont là, et que le virus du langage commence à agir, il ne bougera pas Molière, il est mort de toute façon, il nous attend fidèle au poste. J'ai participé à une édition du Printemps des théâtres en tant que parrain, et dans une petite école primaire près de Vernon, en Normandie, de jeunes collégiennes nous ont joué du Molière, avec du cœur, de l'énergie et tout et tout, mais les pauvres ne comprenaient rien de ce qu'elles disaient, et leur prof ne devait pas en savoir beaucoup plus qu'elles. Après cela vinrent des monologues de Philippe Minyana, des portraits de femmes sous forme d'instantanés, des confidences, et c'était bien dit, incarné, touchant, elles comprenaient tout simplement… Molière n'est pas un prétexte pour faire l'andouille avec des masques. S'il écrivait aujourd'hui, il aurait constamment des problèmes avec les gens en place comme on dit. À son époque, déjà, certains auteurs espéraient sa mort prochaine et se réjouissaient de cette vilaine toux qu'il avait, d'autres appelaient carrément au meurtre… alors… Ne le réduisons pas à un classique qu'il est bon d'avoir lu. Il y a une vie qui va avec, c'est sérieux… et parfois grave, même si c'est drôle.

* *
*

Aujourd'hui, lundi 20 janvier 1992.

J'ouvre une sorte de journal des répétitions du spectacle La Comtesse d'Escarbagnas *et* George Dandin, *de Molière, que va mettre en scène Jacques Lassalle à la Comédie-Française. J'écris ces lignes avant le tout premier rendez-vous avec l'équipe, c'est-à-dire la première lecture ; celle-ci va durer, je pense, une semaine (dix jours pour* Le Malade imaginaire *monté par Gildas Bourdet, et presque trois semaines pour Patrice Chéreau, d'après Catherine Hiegel. Lassalle fait pour ainsi dire figure d'homme de terrain !).*

Je vais jouer le rôle de Colin (valet de ferme de Dandin), rôle d'une scène au dernier acte, le plus petit.

Je trouve qu'Alain Pralon est trop vieux pour jouer le rôle. Plus George Dandin est jeune, plus la relation entre Angélique et lui devient passionnante car exempte de tout rapport classique entre vieux mari chiant et jeune femme belle. Un Dandin jeune mettrait davantage en lumière l'arrivisme du personnage et le discours moderne et émancipé d'Angélique, qui ne refuse pas un mari parce qu'il est vieux, mais parce qu'elle a fait l'objet d'un deal (ma fille contre une toiture neuve au château) ; elle en refuse le principe.

Les époux Sotenville sont merveilleusement choisis. Lubin aussi. Angélique (Murielle Mayette) peut rendre les revendications de celle-ci profondes et sincères.

Clitandre, RAS, j'attends de voir ce que Lassalle veut dire avec ce rôle, le comédien choisi (Jean-Pierre Michaël) est l'archétype du jeune premier beau et facile (aisance et tout et tout). Catherine Sauval (Claudine) correspond moins à son rôle, il ne faudrait pas que le volontarisme remplace l'évidence. La Comtesse d'Escarbagnas *est distribuée évidemment dans l'esprit d'une farce, elle met en scène plein d'acteurs avec lesquels Jacques Lassalle n'a jamais travaillé. On voit ici le côté politique de Lassalle plein de perversité et de bons sentiments. Pour une fois qu'il utilise des comédiens qu'il ne connaît pas beaucoup, il les fait jouer dans de petits rôles ou en tout cas dans une pièce un peu bâtarde de Molière, en ouverture, en lever de rideau…*

Le projet dramaturgique : une sorte d'imbrication des deux pièces, comme si le spectacle annoncé pour être joué devant la comtesse était George Dandin. *Il souhaite nous montrer une vision de la province, Angoulême…*

Première lecture passée, impressions diverses et riches d'enseignements…

Sublime fayotage des sociétaires, certains ont franchi allègrement le cap de la caricature, Lassalle est-il dupe ? Telle est la question…

Curieuse, cette position des acteurs sociétaires qui consiste à se porter garants d'une culture moliéresque. Ils savent tout, du moins savent-ils en donner l'impression, les dates, les anecdotes, les ouï-dire de l'époque (ils y étaient ?), tout le monde s'en fout mais pas eux, à quoi correspondent cette culture de salon, cet art du ragot ?

Bérangère Dautun, qui se trompe de costume en voyant les maquettes et pense reconnaître le sien, alors que ce n'était pas le cas. La déception dans son regard…

Bideau appelle Pralon Lapron ou Patron, ce qui le fait rire jaune, car qui d'autre que lui prend sa mission de sociétaire plus à cœur et le fait savoir ?

Pauvre décoratrice, qui se voit obligée de parler de son décor devant tout le monde, petite voix toute faible. À ce stade, c'est la seule qui a fait son travail ; pour les autres, il est à venir…

Jeudi 23 janvier

Je n'ai qu'une scène et c'est avec A. Pralon... Pourvu que l'on s'entende.

Je ne doute pas des intentions de Lassalle par rapport à cette scène, mais je me souviens de Guy Michel, qui faisait le père Diafoirus et qui n'aimait pas ma façon de travailler. Lorsqu'on joue une scène à gags, il faut un partenaire souple dans tous les sens du terme. J'espère que c'est le cas de Pralon ! (Et ce fut le cas.)

Molière a écrit : « C'est un métier difficile, celui de faire rire les honnêtes gens ! »

Je le comprends de plus en plus, non seulement la tâche est délicate, face au public qui demande la pleine forme, l'énergie, mais je crois qu'elle l'est encore plus vis-à-vis de ses partenaires, surtout lorsqu'on est jeune pensionnaire à la Comédie-Française.

La jalousie est terrible, car elle est en chacun de nous et il est aussi dur de la subir que de ne pas l'éprouver à l'égard d'autrui.

Sans regard extérieur, les acteurs se déchirent consciemment ou non ; chacun, sous couvert de servir le spectacle, règle vis-à-vis des autres ses propres angoisses, fruits de ses frustrations accumulées.

Un metteur en scène se doit d'être, avant toute chose, un chef de bande, de meute.

Très peu de gens envisagent le gag comme un véritable outil théâtral, il y a à l'égard du gag un a priori *de facilité qui m'irrite !*

* *
*

Je pense qu'il n'existe rien de plus chiant – à part le fameux *Aujourd'hui madame* qui passait à la télé l'après-midi et qu'on pouvait suivre les jours où l'on manquait l'école pour cause de maladie – que les séances de lecture durant lesquelles chacun donne son avis sur le pourquoi du comment on doit dire les alexandrins. Tout le monde sait ! Chacun a vu un acteur ou une actrice sublimes, au nom inconnu, dans une mise en scène extraordinaire, venant de l'Est en général, c'était génial, on n'a rien vu ni entendu de plus beau. Mais s'il n'y a rien de plus beau, alors qu'est-ce que tu fais là ? Ça me donne des envies furieuses de rejoindre mon pote Frédéric Lanta sur ses toits, et de lui filer un coup de main.

Il ne faut pas rejeter ce qui s'est fait avant, bien sûr, mais nous devons quand même être animés d'un sentiment personnel authentique de singularité ! C'est pour cette raison que je ne serai jamais « fan » d'un acteur ou d'un metteur en scène, ou de quiconque d'ailleurs. J'aime les gens pour ce qu'ils font, avec leur talent, mais aussi leurs contradictions… À quoi bon jouer Scapin si l'on pense que Robert Hirsch fut définitivement le plus grand ? Un acteur est un putschiste permanent. L'art dramatique dépend de l'individu. L'individu est unique, merveilleusement unique. Alors réjouissons-nous d'être nous-mêmes, et comédiens…

Arrêtons d'envier les heures de barre des danseurs, de lorgner vers les cours de chant, et les livres qui nous racontent comment cela doit se passer dans nos têtes pour être enfin bons sur scène. Il n'y a pas de méthode, fondamentalement et intrinsèquement… Dire cela suppose donc d'accepter le monde tel qu'il est, et soi-même en particulier. Accepter de ne pas savoir peut être un acte de courage et de tolérance, et la condition *sine qua non* pour que quelque chose de neuf voie le jour… Mais l'esprit humain a peur de ne pas savoir, alors on éditorialise notre art, on ironise quand on ne sait pas, et, le cynisme (l'équivalent du poil dans la main pour le cerveau) nous protégeant, on trouve des portes de sortie faciles…

Le comédien arrive dès lors le premier jour des répétitions avec armes et bagages, une pratique théorie en poche, comme un quatre-heures de maman. On en est toujours là, finalement, à force de cache-nez et de sous-pulls en nylon. On a peur et on s'abrite en attendant le bus. On voudrait toujours que le professeur remarque notre perpétuel cartable tout neuf. Et l'on va dire les mots que l'autre souhaite entendre. Pour moi, l'art dramatique n'est pas forcément l'art d'avoir des idées, et encore moins celles des autres, mais l'art de lire réellement et de faire confiance à cette part de soi qui résonne face à une pensée, à une phrase, à un mot, à un silence... Ce qui m'a touché dans Scapin, c'est que personne ne lui dit merci – pour le coup, c'était une absence de mots.

Catherine Samie, madame le doyen comme on dit au Théâtre-Français, m'a raconté, un jour que je traînais dans les couloirs, qu'elle avait visité longtemps auparavant (mon bidou j'étais belle en ce temps tandis que maintenant ça dégouline de partout que c'en est une horreur) une école de théâtre en Pologne où elle avait vu de ses propres beaux yeux (car j'avais des yeux mââââgniffiques) des élèves réciter des alexandrins avec deux sacs de sable sur leurs épaules pour avoir la fameuse prestance, tu comprends, mon bidou, c'est ça le travail, ouais c'est bien ! Et un balai dans le fondement pour faire noble et une pince à linge sur chaque coucougnette pour jouer l'énervement, y z'ont-y essayé dans cette école de leur rue Loriston ?

C'est pour ça qu'il y a toujours un compère dans la distribution pour s'introniser expert en vers – pareil pour les traductions de Shakespeare : il s'en trouve toujours un pour donner son avis et commenter la traduction choisie, voire commandée pour le spectacle. Au nom de quoi ? Nul ne le saura jamais, il ne parle pas plus la langue de William que vous et moi, il n'a pas fait d'études qui pourraient laisser penser qu'il s'y connaît un peu plus que les autres, non, juste un rameneur de fraises professionnel. La peur toujours...

Il ne faut pas perdre de vue que, pendant les répétitions, la plupart des comédiens cherchent à gagner du temps, pas forcément consciemment. Il fait peur, alors on allume une dernière cigarette, c'est promis, avec le mégot de l'autre, on retourne aux toilettes. Mais l'arme absolue de destruction massive de temps de répétition reste la question au metteur en scène, question dont la réponse entraîne un débat, celle qui fait rasseoir les courageux qui étaient déjà sur le plateau, celle qui fait exploser les briquets, vérifier les tickets de parcmètre, et jouer au serpent sur les Nokia.

Pendant les répétitions d'*Henri V* à la Cartoucherie, nous voyant alignés et prêts à entrer pour jouer la deuxième scène, je fus pris d'une projection et dis à mon voisin immédiat : « Tu vois, tu fermes les yeux, et quand tu les rouvres, nous serons dans la même position, prêts à entrer pour la première dans la cour d'honneur. » Il me dit : « T'es con de dire ça, ça fout les jetons, arrête ! »

* *
*

Mercredi 5 mars 1997

Répétition en scène de Tartuffe. *Metteur en scène (Dominique Pitoiset) parti, malaise dit-on.*

C'est la première fois, en sept ans de présence dans cette maison, que j'assiste à une telle pagaille.

Irresponsabilité de la part de tout le monde, avec en tête l'administrateur, le metteur en scène, et les comédiens.

Nous sommes à dix jours de la première et le metteur en scène est bloqué, parce que nié depuis plusieurs semaines jusque dans son être profond.

Certes, il n'est pas facile à vivre, il est compliqué, pas toujours clair dans l'énoncé de ce qu'il veut, mais n'est-ce pas à nous, lui étant invité par la maison, de nous investir à chaque seconde pour le comprendre et servir sa mise en scène ?

Il n'a pris personne en traître, le choix du décor et des costumes était cohérent et affiché dès le début, le maquillage aussi…

Quelle est donc cette troupe d'acteurs médiocres, sans volonté ni soucis artistiques, parlant entre eux comme des gosses au lieu d'écouter, contestant sans rien proposer en échange, n'apprenant pas leur texte ? Et puis cette pesanteur terrible avant d'aller sur le plateau… Sont incapables de rendre leur rôle avec panache comme leurs aînés, non ils restent là, certains et contents de leur pouvoir de nuisance.

Cette maison n'est pas dirigée. On ne prend pas la mer quand on ne veut pas de vagues.

Jeudi 6 mars 1997

Dominique Pitoiset n'est pas là, couché et malade, hier soir son malaise n'était pas diplomatique, crise d'hypertension (il est monté jusqu'à 20, me dira le médecin, il ajoutera qu'il doit sa survie à son cœur de sportif). C'est logique. Ce type est nié depuis le début, il est pris au mieux pour un chieur, au pire pour un instable, un fou qui ne sait pas ce qu'il veut, par l'administration de ce théâtre… C'est scandaleux.

Maintenant, c'est son corps qui explose, parce que, par lâcheté ou par incapacité, il n'a pas pu exprimer sa colère, faire un acte clair et fort qui l'aurait sauvé (en fait il voulait se séparer d'une comédienne qui concentrait par son opposition quasi systématique toute l'attention et l'énergie des répétitions autour de sa très petite personne). Ses tentatives vis-à-vis de l'administration se sont soldées par des conseils paternalistes infantilisants… pas de vagues… Alors qu'il avait besoin, une fois rien qu'une fois, qu'on lui dise qu'il avait raison… Maintenant il ne peut ni avancer ni reculer, alors il explose… amok…

Samedi 12 avril 1997

Je viens d'apprendre que le spectacle (Tartuffe) *ne sera pas repris à la rentrée prochaine.*

Je trouve cette décision scandaleuse à plus d'un titre. Et d'abord, quelle est la raison de cet abandon ? L'insuccès ? non, c'est un triomphe, la salle est pleine plusieurs semaines à l'avance. Les mauvaises critiques ? non, car s'il est évident que certains chroniqueurs n'ont pas aimé, il en est d'autres qui ont adoré, comme toujours (et s'il fallait l'unanimité critique pour maintenir un spectacle, la Comédie-Française connaîtrait le chômage technique assez souvent). Le fait que le metteur en scène ait retiré son nom de l'affiche ? mais dans ce cas, une telle intransigeance aurait dû conduire à annuler purement et simplement le spectacle.

Alors, qu'est-ce qui a provoqué cette décision ?

Une sorte de lobbying de certains sociétaires, avec en tête madame Hiegel, qui, peut-être même sans le dire à l'administrateur, ont une influence telle – surtout en ces temps de fin de mandat où le candidat part à la chasse aux soutiens – que l'administrateur s'est cru obligé de censurer ce spectacle qui plaisait aux gens, en allant ainsi au-devant du désir non formulé de certains « camarades ».

Samedi 31 mai

Hier soir, Roseline, une amie, était là avec ses amis ; ils ont adoré le spectacle, ce qui vient s'ajouter à l'avis d'Annie Marandin et de Paillette, des amis maquilleurs, qui, d'abord surpris par la discordance des styles de jeu, ont été finalement séduits par le spectacle au point d'avouer, après, qu'ils avaient passé une soirée formidable. Tous ces avis me réjouissent et me font mal en même temps. Le spectacle est abandonné par l'administrateur…

Interview, hier, avec José Arthur, blessé au tibia par un machiniste du Français. « Quand je t'affirme que cette maison n'est pas facile », lui dis-je. Il rit…

Comme à son habitude, il n'a pas vu le spectacle, ce qui ne l'empêche pas d'avoir le talent de mener à bien cette interview… Il en a tellement vus ! Et il nous connaît tellement ! Pourquoi parler de Tartuffe *alors qu'on arrête le spectacle fin juin ? S'il m'avait posé des questions sur la troupe, j'étais prêt et décidé à balancer certaines vérités qui me pesaient, histoire de me venger des « c'est trop long » perfidement mâchonnés par Dorine lorsque je prenais un temps avant de répondre. Mais ce ne fut pas le cas. Dommage !*

* *
*

C'est Dominique Besnehard, mon agent, qui a provoqué la rencontre, un jour, dans son bureau. Il faut que tu imposes un projet à la Comédie-Française. Avec qui aimerais-tu travailler à la mise en scène ? Je n'en voyais qu'un, parmi ceux qui officiaient déjà dans la grande maison : Jean-Louis Benoît. J'avais vu son *Monsieur Bobble* au Vieux-Colombier et un Labiche salle Richelieu.

À chaque fois, il émanait de ses spectacles une joie simple, faire rire chaleureusement les gens sans les prendre pour des imbéciles…

Dominique décroche son téléphone et compose son numéro dans l'instant. « Allô ! Jean-Louis, ouais, ça va mon chéri, dis-moi… Oui je sais… Mais là j'ai Torreton en face de moi. Il t'aime beaucoup, il voudrait travailler avec toi… Toi aussi ?… J'en étais sûr… Bon, bon, écoute, je te l' passe, mon Jean-Louis, j' t'embrasse… »

Nous parlons brièvement, un seul nom me vient : Scapin. Il est plus que d'accord, nous convenons que c'est à lui de faire la proposition à Jean-Pierre Miquel, c'est plus sérieux.

Un an plus tard, l'administrateur faisait savoir à Jean-Louis, comme si cela venait de lui, qu'il lui proposait de monter *Les Fourberies* à la Comédie-Française avec, dans le rôle de Scapin… Bruno Putzulu, mon ami de Normandie…

Jean-Louis me rappelle. Il ne comprend pas, il ne savait pas que nos relations en étaient là, il voulait s'assurer de mes réelles intentions de jouer Scapin, dans la mesure où l'administrateur lui avait dit que mon seul désir était de faire du cinéma... Je lui fais comprendre que c'est à lui, qui connaît la genèse intime de ce projet, de juger s'il y a un risque que je quitte les répétitions pour tourner quoi que ce soit – je l'ai déjà fait auparavant –, et si lui est prêt à faire Scapin avec quelqu'un d'autre que moi... Sa réponse est claire, c'est non. Alors je lui demande de le dire aussi clairement à Miquel...

* *
*

Vendredi 6 mars 1998

Une longue interruption... Entre-temps, des vacances en Dordogne et les répétitions des Fourberies de Scapin, *puis des représentations depuis le 22 novembre 1997... C'est un triomphe, du jamais vu, pour moi bien sûr. La presse est unanime, les gens aussi... Quel bonheur ! Surtout après* Tartuffe. *Jean-Louis Benoît et moi avons en tête un magnifique projet pour 1999 :* Henry V, *pour Avignon. D'après la copine du bureau du festival, cela a l'air de prendre, alors on croise les doigts.*

Samedi 28 mars 1998

Ce soir Scapin.

C'est un bonheur à chaque fois.

Mercredi dernier, il y avait Gérard Depardieu et Carole Bouquet qui ont été poussés à venir boire une coupe à l'entracte… Quelle idée de faire venir des invités à l'entracte ! Les comédiens en sueur et dans l'énergie fumante de la seconde partie à venir. Gérard Depardieu a adoré la première partie, donc il m'a fait plein de compliments, ça fait plaisir venant d'un formidable acteur comme lui, certes boulimique, certes attiré par l'argent, de moins en moins étonnant dans ses films, mais quand même quel acteur, c'est un paysage ! Nous avons parlé d'Othello. Il doit avoir cela en tête, il me pose des questions sur Benoît, qui de dos parle avec Carole Bouquet. Il aime son travail, mais à ses questions on peut se demander s'il cherche un bon metteur en scène ou juste quelqu'un qui ne le fera pas chier entre ses coups de téléphone. N'empêche que je me verrais bien en Iago face à lui.

* *
*

Après, bien sûr, il faut oublier toutes ces tractations d'avant le spectacle pour répéter et jouer… Seule une envie viscérale de faire ce métier permet de retrouver l'insouciance protectrice des simples d'esprit qui traversent parfois les champs de mines sans se faire mal… C'est peut-être ça le plus dur, ici comme ailleurs, ne pas perdre sa joie.

Il s'agit de jouer Scapin, à la Comédie-Française, de faire rire, de succéder à certains illustres parrains, la non-envie des autres de m'y voir s'ébrouer comme un piaf dans les flaques…

Au premier rendez-vous avec Benoît, je lui ai fait remarquer que personne ne disait merci à Scapin et que c'était à jouer aussi… Il était d'accord, car il s'était fait exactement la même réflexion. Nous avons parlé de cette terrible cruauté qui règne d'un bout à l'autre de cette pièce. Les personnages ne se laissent rien passer, il y a de l'amertume et de la frustration, de la petitesse, c'est peut-être la pièce la plus triste de Molière. « Devant l'ingratitude du siècle, j'ai résolu de ne plus rien faire », dit-il en substance dès sa première scène. Cette phrase pourrait tout aussi bien avoir été écrite par Musset pour *Fantasio*… Nous avions lu sans *a priori*, au premier degré… On peut, et dans cette pièce on doit, rire d'un vieux barbon enfermé dans un sac, se faisant rouer de coups de bâton, sauf que c'est quand même un vieux monsieur dans un sac qui se fait bastonner.

Il faut tout jouer… L'habileté de Scapin comme sa cruauté… Ces personnages n'ont pas toujours raison et il faut donner au public les moyens de s'en rendre compte… Ce qui est écrit est aussi important que ce qui ne l'est pas. La rencontre avec Benoît s'est vraiment faite à ce niveau-là de simple lecture et non de relecture.

Cette pièce nous a donné les moyens de rêver tout haut, et un homme est venu écouter nos rêves à l'issue d'une représentation : Bernard Faivre d'Arcier. Il a adoré le spectacle. Nous dînons chez Pierre. « Alors ? nous dit-il. – *Henri V* dans la cour d'honneur. »

Et de commander du champagne pour sceller l'accord. Cinq minutes pour Henri, plus d'un an pour Scapin.

L'été suivant, nous étions en repérages Jean-Louis et moi... Deux mille deux cents places : il faut y aller ! Faivre d'Arcier m'invite à assister le soir même à la représentation d'*Œdipe* avec Charles Berling. Je refuse, je veux y jouer d'abord, après, plus tard, on verra, aux prochaines éditions... Une prémonition.

J'ai bien fait, car l'année suivante j'étais spectateur pour assister à une représentation de *Médée* avec Isabelle Huppert et, en m'installant dans la foule, j'ai été saisi d'une peur panique rétrospective, comme un survivant qui se rend compte seulement après-coup à quoi il a échappé... L'année précédente, c'était moi, devant les mêmes ou presque deux mille deux cents personnes, une masse hétéroclite de toux potentielles, de distraction, de fesses mal jointes, d'oreilles dures et de paupières closes, deux mille deux cents verres de possible rosé et de mauvais sandwichs avalés en coup de mistral, deux mille deux cents avis sur Shakespeare, deux mille deux cents rêveries ou conversations qu'il faudra faire stopper après les trompettes… deux mille deux cents personnes devant moi, une couronne sur la tête…

Et tous ces amis qui veulent venir en même temps… Et mon père qui tient à être là malgré la disparition du frère aîné, Pierre, l'horticulteur, qui, du fond de son lit de Styx, trouvera la générosité de penser à moi, à cette première qui approche et qui le préoccupait aussi, malgré la chimie dévastatrice… Tu lui diras merde, un gros merde, un paquet de merde… Donc, deux mille deux cents personnes et un direct sur France 2 au 20-heures, deux mille deux cents personnes et une trachéite surinfectée qui m'oblige à surarticuler et qui aura son apogée le 13 juillet après quatre représentations, d'où l'annonce pour prévenir le public qu'il est possible qu'il n'y ait plus de son du tout à un moment donné.

De fait, dès la troisième scène, juste avant de sortir, la voix disparaît. Pendant le changement rapide, l'infirmière décide de me piquer, cette fois directement dans le cou à travers la cotte de mailles. J'étais déjà sous cortisone, en cachets, en inhalations et en piqûres. Dans le même mouvement l'aiguille sort et je rentre, la voix revient un peu, mais je suis en nage, chaque syllabe – et j'en avais beaucoup – me fait l'effet d'un poids en fonte qu'il me faut soulever juste avec le maxillaire inférieur… Mais elle tient, cette voix, l'entracte est là et, avec lui, déboulent deux spectateurs alertés par l'annonce, se proposant de m'aider. L'un est acupuncteur et l'autre, une grande femme virile ayant travaillé avec Peter Stein, m'affirme posséder une méthode de massage dorsal douloureux mais efficace ; et comme pour le prouver, elle me répète qu'elle a travaillé avec Peter Stein… Je ne vois pas le rapport. Effectivement, c'est douloureux. Je reconnais bien là le côté expérimentation physique venant de l'Est, chère à Catherine Samie. Après ça, j'étais apte pour la station Mir ou les sous-marins atomiques, les tests sont les mêmes… Pendant ce temps j'avais un masque qui me distillait de la cortisone, comme dans *Blue Velvet.* Moi j'étais dans Green Velvet, et l'homme aux aiguilles, qui était venu sans sa caisse à outils, parcourait les loges à la recherche d'un truc pointu à m'enfoncer dans le cuir, dans la pliure des coudes m'a-t-il dit, la voix est là. Il revient avec deux épingles à nourrice qu'il déplie. Peter Stein et sa bande me labourent toujours le dos, les points sont trouvés et deux épingles s'enfoncent à travers le costume de Riton le cinquième. Les trompettes sonnent, les bourreaux repartent, merci ils n'étaient pas obligés, pas du tout même…

Je ne sais pas ce qui, des cachets, des vapeurs, des injections, des coups de boutoir à l'accent russe ou des épingles à nourrice, a fait son effet, mais, en ce 13 juillet 1999, j'ai pu jouer jusqu'au bout *Henri V*, de Shakespeare…

Il est assez plaisant de repenser maintenant à certains avis un peu réducteurs sur l'œuvre elle-même, considérée par d'aucuns comme mineure… Une pièce guerrière, sur un roi se cherchant une vertu dans une croisade meurtrière, voulant couvrir ses frasques de jeunesse grâce au tintamarre d'une vertu cuirassée, tentant jusqu'à l'absurde de trouver une raison pour envahir un pays… Ça ne vous parle pas, à vous ?… Comme le dit Dorgelès…, allez, il y aura toujours des guerres, toujours… En tout cas, j'avais imaginé que jouer en plein air devait se rapprocher de la sensation que l'on éprouve lorsqu'on se baigne nu, la nuit, sous les étoiles, dans une mer tiède. Et c'était vrai, rassurant et fragilisant. D'avoir au moins ce point d'égalité avec les spectateurs, nous sommes dehors et s'il pleut ou si le vent décide de vérifier que les perruques tiennent bien, ce n'est pas de ma faute… Partage d'un danger objectif.

* *
*

Je sortais du palais des Papes sous les voûtes, les escaliers tordus et la terre battue de ce décor absolu. Nous venions de jouer, nous étions heureux, car les gens l'étaient aussi. Nous avions prévu un entracte pour que les déçus, les incommodés, les frileux, les indisposés, les gênés, les choqués, les ceux qui ont compris au bout de cinq minutes, les ceux qui avaient déjà leur avis avant de venir, et les Vincent Delerm… puissent partir tranquillement sans avoir à gêner ceux qui aiment et qui restent… C'est aussi ça, penser aux gens. Prévoir un entracte, c'est envisager humblement et sans mépris que des gens aient le droit de ne pas aimer notre spectacle et puissent s'éclipser, ne pas être pris en otages par la représentation – sinon, nous condamnons le spectateur à accomplir un acte terrible : celui de se lever pendant qu'un acteur parle, de demander à ceux et celles qui l'écoutent de bien vouloir se lever aussi, ou de pousser leurs genoux, de faire entendre ce bruit caractéristique de l'assise du fauteuil qui remonte soudainement, rappelée par un ressort mal élevé… Le tocsin du comédien.

Nous avions eu la politesse et le courage de prévoir un entracte au palais des Papes… Et nous étions heureux, car les ouvreuses nous confirmaient que, la veille et aujourd'hui, pratiquement personne n'avait profité de l'entracte pour filer à l'anglaise. Elles étaient heureuses, elles aimaient ce spectacle et cela se voyait… Les gens restaient et applaudissaient, beaucoup, malgré la voiture à récupérer d'urgence avant qu'Avignon ne se transforme en place de la Concorde vers 18 heures. Il y avait des bravos, un peu partout; les coulisses étaient pleines de curieux attentifs et de cousins. Nous signions des carnets, des billets, des programmes, des affiches, des folios…

« J'ai vu *Capitaine Conan*, ça commence aujourd'hui et là, on s'est dit qu'on viendrait… C'est notre première fois au théâtre, vous savez, et on a tout compris… D'habitude Shakespeare c'est chiant, mais là… Bravo!… On reviendra vous voir à Paris. »

Et des mercis… Et des poignées de main… Nous étions heureux nous aussi, et nous sortions pour aller vivre un peu avant que le sas de la nuit nous dépose fatalement aux pieds de la prochaine représentation… Nous sortons, un crieur de journaux hurle aux spectateurs qui s'éparpillent dans la nuit que *Le Monde* n'aime pas notre *Henri V* et le fait savoir, il parle de polémique… L'article finit par s'échouer sur une de nos tables. Je le lis, c'est lamentable. Quel contraste entre la pensée de ce gastéropode et les deux soirées qu'on vient de vivre… Et ce ton de mépris indigné, pourquoi? Quels mots allez-vous utiliser le jour où vous assisterez à une pièce révisionniste, raciste, fondamentaliste et dégueulasse? Vous les aurez déjà utilisés pour de simples spectacles que vous avez décidé de ne pas aimer, comme on décide d'une pose devant un objectif…

Nous sommes tristes, mais nous sommes témoins du contraire chaque soir. Les gens restent, alors que c'est tellement simple de partir en plein spectacle à Avignon. Foi d'ouvreuses, ce n'est pas tous les ans comme ça…

Le lendemain, un débat sur Shakespeare est prévu dans un des jardins attenants au palais, avec la troupe de Yan-Joël Collin et nous (Jean-Louis et moi en fait), le tout sous la houlette du *Monde* par l'entremise de Colette Godard… Nous faisons lire par notre attachée de presse un communiqué expliquant que, devant la violence de la critique de ce même *Monde* à notre égard, nous pensons que notre présence n'est pas souhaitable, ni souhaitée d'ailleurs… Colère de Colette Godard. Mais, oh, victoire ! La moitié des spectateurs présents, indignés eux aussi par le grand écart qu'il y avait entre ce qu'ils avaient vu et ce qu'ils avaient lu se sont levés et sont partis…

On a les tyrans qu'on s' donne.

* *
*

Il faut trouver l'actualité de ce que l'on joue, toujours et tout le temps. Le théâtre comme témoignage d'une époque est sans intérêt, c'est du musée Tussaud ou Grévin... Et ce n'est pas la tâche du seul metteur en scène !

Jeudi 17 décembre avait lieu ma lecture d'Aragon. Une heure avec cet homme en face d'une centaine de personnes... Le trac était terrible, avec des pauses de confiance malgré tout, car, me disais-je, ce n'est qu'une lecture... Il ne s'agit pas de briller, mais de dire aux gens combien ma joie est grande d'avoir rencontré cet homme à travers ses écrits et combien ça me touche. Si cela a pu dominer, le public aura reçu quelque chose, et tout va bien.

(Comédie-Française, décembre 1992.)

* *
*

En fait, cela s'est bien passé, je crois. Le foyer du public, rebaptisé Pierre-Dux, était rempli de spécialistes d'Aragon, chose que je ne savais pas, heureusement ! Juste au début, un spectateur du fond s'est exclamé : « Pourriez-vous porter la voix un peu plus, s'il vous plaît ? »

En plein, il n'y a pas d'amour heureux !

Vous aviez raison, monsieur, de vous manifester si vous n'entendiez pas, mais ne pouviez-vous pas attendre la fin du poème ? Je me souviens m'être arrêté et vous avoir répondu dans un épais brouillard subitement tombé dans la salle : « Soit ! » Et cela, d'un ton le plus professionnel possible, n'empêche que j'en ai sauté une strophe ! Une consolation quand même : Yves Gasc, gentiment présent, m'a affirmé qu'il n'avait jamais entendu *Le Conscrit des cent villages* avec autant de chaleur, sans que la diction en soit altérée. Venant de lui, qui prépare tellement ce genre de lecture qu'il finit par tout savoir par cœur au moins trois semaines à l'avance, c'était un compliment de taille !

Pour continuer dans la série lecture, je suis contacté par Jack Ralite pour dire un poème aux États généraux de la culture. Le poème est choisi par lui. Il s'agit du « Marbrier de Carrare », de Charles Péguy. Merde, connais pas Péguy, rien lu, c'est quoi les États généraux de la culture ? Et, comme pour me décider, il abat sa dernière carte : il y aura Emmanuelle Béart qui lira un texte de je n'sais qui. L'élément qui pesa dans ma balance inculte fut Jack Ralite. J'aimais et j'aime encore ce type qui n'arrive pas à ne pas voir un lien entre le devenir d'un pays et la diversité des artistes qui le composent. S'il me proposait de lire ce poème, c'est qu'il en valait la peine.

Merci à mon métier de me filer régulièrement des coups de pied au derrière de ma curiosité régulièrement embourbée !

Mon premier contact avec le poème est déroutant. Il est bizarrement posé sur le papier, avec des rejets ou renvois à la ligne étranges, et, lorsque je le lis tel que c'est écrit, je ne le comprends pas. Un peu comme Claudel, cela devait être la mode en ce temps-là, lorsqu'on avait un truc à dire, hop ! pas plus de quatre mots par ligne, ou alors ils étaient payés à la feuille. Mon premier travail consista donc à reconstituer les phrases une par une. Alors, tout le sens me parvint. Ce poème est beau, simple et fort. Je m'étais convaincu de le lire (et donc de le recopier) comme je l'avais compris. Mais, saisi d'un doute (car pourquoi alors Péguy l'avait-il rédigé ainsi ?), je me décidai à vérifier auprès de Jean Dautremay, sociétaire spécialiste des poèmes compliqués, si ma méthode n'était pas trop sacrilège. Il trouva ma lecture intéressante, mais me dit qu'il fallait absolument respecter la forme sur le papier, forme qui était aussi de la poésie et signifiait quelque chose. Oui, mais quoi ? Pas de réponse, en tout cas pas claire, et de lui rétorquer que lorsque je respecte l'écriture je ne comprends plus rien. Or il paraît que c'est justement ça, le travail du comédien, respecter l'auteur en le comprenant et en le rendant accessible aux autres. Ouais ! Imparable comme argument, t'as raison ! Sauf que, têtu, j'ai lu mon « Marbrier de Carrare » à ma façon, avec mes phrases reconstituées et, pardon madame ma modestie, mais ça a vachement plu. Il s'est même trouvé une dame pour m'avouer que Péguy n'était pas, et de loin, son poète préféré (trop compliqué) et que là, c'était clair et même drôle par moments, et que cela lui donnait envie d'y retourner, au pays de Péguy (comme dans tous les pays, etc.).

Nom de Dieu, c'est quoi notre but ? Il me semble, mais faites-moi regarder une pièce de Vartet si je me trompe, qu'il s'agit de faire entendre aux gens qui sont assis dans la salle un texte écrit par un autre que nous, qui voulait leur parler à sa manière, en choisissant simplement le théâtre comme moyen d'expression plutôt que, allez savoir pourquoi, monter sur une chaise avec un porte-voix en face d'un grand magasin au premier jour des soldes ! Notre but est bien que le message de l'auteur passe, que le sens profond de son écriture nous interroge encore aujourd'hui, non ?

Et puis, est-ce que l'auteur est la personne la plus indiquée pour savoir comment son texte doit être dit ? Avez-vous déjà entendu les enregistrements d'auteurs ? « Le pont Mirabeau » dit par Apollinaire, par exemple. C'est émouvant, mais il ne le dit pas bien. Je préfère la version de Serge Reggiani, pas vous ? Et Claudel par lui-même ? Et toutes ces promotions du Conservatoire qui se sentent obligées de le jouer tel que c'est écrit ? C'est très beau Claudel, enfin à petites doses, mais lorsque le comédien s'arrête en pleine phrase pour attaquer le reste sur un autre ton, sous prétexte que c'est comme ça dans le livre, ça me fait penser au sketch de Dany Boon sur la collection Harlequin…

Jouer c'est trahir, de toute façon, enfin pour les grands auteurs, parce que beaucoup d'autres ne remercieront jamais assez leurs interprètes. Alors, quitte à trahir cet idéal d'interprétation, allons-y en faisant en sorte que le plus grand nombre puisse retourner chez soi en se disant : dis donc, chéri(e) ! ce Péguy, quel poète, c'est beau et j'ai tout compris ; plutôt que je n'ai rien compris, mais c'est normal, c'est de la poésie, alors ce n'est pas fait pour comprendre, pis moi et les poètes ça fait deux (c'est comme pour la musique classique, chez mes parents on qualifie ça de grande musique une fois pour toutes et du coup on ne l'écoute jamais). Je pousserai même le vice jusqu'à penser qu'un comédien aura toujours raison de choisir le sens au détriment de la forme, voire du style. On ne travaille jamais assez le sens intime d'un texte, donc d'une pensée. Or, d'une compréhension secrète du sens d'une œuvre jaillira une forme pertinente, comme dans la vie. On ne se pose jamais la question d'une forme ou d'un style à l'instant où l'on vit quelque chose. On le fait avant ou après, mais pas pendant. C'est ce qui fait que notre comportement est signifiant. Il témoigne de nous parce qu'il découle de nous. À mon sens, le travail de l'acteur se doit d'obéir au même processus.

Il me plaît de penser que le théâtre est né d'une conversation entre deux individus, d'un débat, qui petit à petit a attiré du monde. Alors nos deux compères sont montés sur une estrade pour que tous puissent les voir. Ils ont parlé de plus en plus fort au fur et à mesure que la foule se densifiait. Pour illustrer leur propos, ils se sont habillés et grimés. Ils ont cru bon de planter un décor à la mode de chez eux, et se sont dit que, pour éviter de se répéter, la prochaine fois, ils feraient appel au petit Aristophane, dont les graffitis sur le Parthénon laissaient présager un avenir dans l'écriture, et qu'ils feraient payer le droit d'assister à leur discussion parce que, fier de son travail, le jeune Aristophane n'arrêtait pas de leur dire en parlant de ses pages : « Et ça c'est des clopinettes, et ça c'est des prunes et ça c'est des…, etc. ». Cette expression est restée dans le langage commun au point de donner, plus tard, un nom au système qui rémunère aujourd'hui encore les auteurs dramatiques : la fameuse SACD.

Tout ça pour dire que, quand on retire du théâtre son écorce, ses peaux, ses membranes et ses filaments, ce qui coule, tache les doigts, nourrit et fait du bien, sa pulpe, c'est le débat : cette volonté de dire quelque chose aux autres, tout simplement…

* *
*

L'année commence donc bille en tête, rue du Conservatoire, avec Racine et Madeleine Marion. Elle était comédienne. Elle avait joué et jouait encore avec Antoine Vitez, ce qui, pour certains camarades, était une preuve rassurante de qualité. Moi, ça ne me disait rien. Je ne connaissais pas Antoine Vitez. Je me souviens très bien d'avoir fait semblant de connaître son travail, tellement cet homme semblait incontournable dans le paysage théâtral français. Pour Racine, j'avouais sans honte mon retard, mais pour Vitez, pas de ça, Lisette ! Signe des temps...

Inutile de préciser que je devais avoir un air à peu près aussi serein en ces temps de rentrée qu'un lapin de garenne pris dans les phares d'un 4 x 4. Toujours cette impression pénible que quelqu'un va s'apercevoir de la supercherie, cette impression d'avoir piqué dans le magasin. Ce n'est pas à toi, vraiment ! en attendant que l'on statue sur ton cas, tu peux continuer à jouer cinq minutes avec les grands.

Madeleine était très gentille, pourtant, et prévenante en plus, affolée aussi. Et puis, très vite, le travail a commencé. Avec elle, tout le monde était « formidaaaaaable », et moi, la tête bien remplie des recommandations de mon Bob, je me disais en mon château fort intérieur : non ce n'est pas formidable, c'est même pas bien du tout, parfois, car ils ne posent pas le débat, ils font des gestes et des inflexions sonores, ils prennent des mines de douze pieds de long, mais je n'y crois pas. Très vite, ma confiance en elle chuta à vitesse grand V. Ma fiancée de l'époque habitait à Rouen. J'y retournais pratiquement tous les jours. J'en profitais donc pour remettre le couvert sur mes scènes du Conservatoire dans le laboratoire secret de Bob. Difficile de couper les ponts, difficile d'entendre d'autres mots sur ce que l'on fait en scène.

Sauf que ce n'est pas facile de « trouver le débat », comme disait Bob à propos de *Britannicus*, de faire en sorte que ça lui « parvienne », de « l'englober ». J'avais choisi de jouer Néron, c'était le seul qui me faisait un peu marrer. Son but me semblait assez clair : il voulait se farcir la petite. Je faisais tout ce que je pouvais pour le ramener à moi. J'arrivais sur scène en retirant rageusement ma couronne de laurier, puis la jetais dans un coin après m'être gratté la tête. J'essayais le plus possible de dire ce texte sans faire d'effets sonores. Dès qu'une liaison me paraissait pédante, hop ! à la trappe ! Les e muets, petit doigt en l'air, je les tirais en plein vol. Je voulais tellement fuir les artifices des uns et des autres que je devais en faire des mégatonnes dans le concret.

Le résultat fut sans appel, j'avais mis sur pied la scène la plus comique de ce programme racinien. Je faisais maintenant partie du clan des bruts de décoffrage, des moulés à la louche, des non filtrés.

Pas de moqueries ouvertes, mais une sorte de considération amusée... Parfois un peu énervante, quand même ! Je venais de Normandie et manifestement ça se voyait...

Madeleine ne comprenait pas pourquoi je changeais d'option comme ça, sur cette scène. En gros, je prenais systématiquement le contre-pied de ses indications au profit de celles de Bob. Elle était partagée entre mon assiduité au cours (j'étais là avant tout le monde, au moins une demi-heure avant, mon train arrivait à Saint-Lazare vers 9 heures et le cours commençait à 10 h 15 !), qu'elle félicitait, et mes perpétuels changements, qui l'agaçaient quand même un peu. Jusqu'au jour où, crevé par ces allers et retours et ne comprenant plus les indications ni de l'un ni de l'autre, je lui avouais la situation, le doute qui s'insinuait en moi lorsqu'elle lançait à la volée, telle une semeuse, ses « formidaaaaaable » tout le temps à tout le monde. Elle fut touchée, je crois, mais me conseilla vivement de choisir entre le Conservatoire et mon Bob, puis m'expliqua qu'elle ne pouvait pas se permettre d'être trop franche avec les autres, qu'il fallait ménager les susceptibilités, donner confiance et puis que c'était sa première année, qu'elle se rassurait elle-même, etc.

Je ne sais pas si je m'abuse, mais il m'a semblé qu'après cette conversation elle commença à critiquer un peu plus ouvertement les scènes, les psychodrames voyaient le jour et moi, je disais définitivement au revoir à Bob, non sans éprouver un vague sentiment de trahison, le coucou enfin repu qui s'envole.

* *
*

L'année d'après, nous partions en URSS pour un grand concours international de théâtre d'école. Pendant ce temps-là, l'autre classe de deuxième année était à Vienne pour trois jours avec son professeur, Philippe Adrien. Il était question que chaque pays envoie une troupe d'acteurs en herbe pour ce festival.

Nous avons fait le voyage avec Jean-Baptiste Poquelin, dit Molière, et notre révolution à nous, même que cela s'appelle une mise en regard (un peu scolaire notre affaire !). Pour vous donner une idée, notre spectacle était une suite de scènes choisies chez Molière, des scènes accolées à des textes écrits pendant la Révolution. Par exemple, un bout des *Femmes savantes* et, tout de suite après, une comédienne prend un air convaincu pour nous balancer une tirade sur le droit des femmes à l'instruction ! La mise en scène était de Catherine Hiegel et Jean-Pierre Miquel. Nous étions donc dans un truc très pédagogique.

Tout cela est bel et bon, mais d'où vient ce

besoin de rendre le théâtre pédagogique ? Il l'est par définition, alors occupons-nous d'autre chose ! Mon professeur de troisième année, Daniel Mesguich, lorsque le directeur du Conservatoire, à savoir Jean-Pierre Miquel (cometteur en scène donc du pensum précité), lui demandait à chaque rentrée sur quel thème il pensait travailler, répondait invariablement : l'amour ou la vie, je ne sais pas encore. Lui aussi trouvait pénible cette tentation universitaire. Jean-Pierre Miquel pensait sérieusement qu'il fallait exiger le bac comme condition d'accès au concours du Conservatoire. À la question de Mireille Dumas « Pourquoi n'y a-t-il pas de comédiens noirs à la Comédie-Française ? », il avait répondu : « Parce qu'il n'y a pas de rôle de Noir dans le répertoire classique ! » Cela donne une idée de la faramineuse imagination de cet homme. Vous comprenez maintenant mon angoisse lorsque, pendant les répétitions de *La Double Inconstance*, il s'approchait du plateau en me déclarant : « Non, je sais ce qu'on va faire, ça va être très drôle, tu vas voir. »

Dans notre montage, je jouais le rôle-titre dans *George Dandin*, et donc, vous l'aurez compris, mon extrait était suivi certainement par un texte sur le mariage ou un truc dans ce genre-là. Ce bout de rôle m'a valu de faire mes premiers pas à la Comédie-Française, car pour l'occasion Catherine Hiegel, notre prof, nous avait emmenés choisir des costumes dans la grande maison. Là, ce fut un choc pour le petit poucet que j'étais. Chaque placard qui s'ouvrait sous les doigts habitués du garde-chaussures (il en faisait des tonnes devant Hiegel) laissait apparaître des trésors inestimables. Pensez donc ! avec Bob nous avions monté *L'Île des esclaves*, de Marivaux, avec un budget total qui n'était même pas le prix d'une paire de pompes au Théâtre-Français. J'avais envie de voler, de piquer tout un lot de costumes pour les refourguer à Bob, rien qu'avec les patrons on monterait tout Molière !

Ils avaient tellement de costumes chez Momo qu'ils louaient près de la Bastille un entrepôt spécial avec des placards qui s'entassent pour gagner de la place. À l'intérieur, rangées avec un soin que seuls des siècles de sublime maniaquerie ont pu répertorier, se trouvaient des générations de trac, de sueurs, de triomphes et de bides, de trous noirs, de savoir-faire, d'habileté, de pilotage automatique et d'inventions, de tradition et d'insolence en tissu. Ça me faisait penser à Mendeleïev, le classement parfait, un peu comme le coffre de la voiture lorsque nous partions en vacances… Il y avait même des gilets contemporains du big boss Molière, toujours là, prêts, il suffit juste d'enlever l'étiquette avec le nom du comédien qui l'a porté, d'en enfiler un, et on fait un saut de trois cents ans en arrière… C'est fou comme toute époque se voit dans ses costumes ! Chacune y laisse son empreinte, son style. Passé trente ans, la plupart des costumes sont immettables tellement ils semblent démodés.

Celui que l'on me destinait pour George Dandin ne l'était pas, au contraire ! Un beau velours marron à grosses côtes, une chemise teintée au thé et un gilet de cuir, des guêtres se fermant avec une série de boucles, et, je crois, une ceinture de flanelle assortie, cousue main pour un autre Dandin, celui de Robert Hirsch. Hiegel faisait Angélique avec lui, en ce temps-là, et elle m'avait parlé de cette sueur qui ruisselait en permanence, de cette énergie incroyable qui l'emmenait loin, bien au-delà de la fatigue. Comme dans les contes, j'avais le sentiment d'endosser un costume doué de pouvoirs magiques. Il m'en donnait cette empreinte d'acteur, je me sentais obligé de m'y conformer, et d'ailleurs Robert Hirsch m'a toujours accompagné… Mais nous y reviendrons.

* *
*

Moscou, c'est incroyable ! Je crois que nulle part dans le monde je ne ressentirai aussi fort cette impression d'être loin. À peine arrivés, on fonce vers la place Rouge ; on voulait constater que le décor était bien le même que celui qu'on voyait derrière Ulysse Gosset pendant le journal de 20 heures. Évidemment, on se croit malin en marchant, l'air de rien, droit sur l'entrée principale du Kremlin, pour voir à partir de quelle distance les gardes vont vous faire signe d'aller jouer *La Maison de poupée* ailleurs… Eh bien, très vite ! On a attendu la relève de la garde du tombeau de Lénine, la régularité métronomique de ces soldats est hallucinante, elle explique tout. Si un soldat peut être conditionné à faire cela, alors il peut tout faire. Ces relèves de gardes sont les vitrines de l'armée russe. De cette décortication du geste naît l'horreur possible : faire son lit comme on exécute un prisonnier, c'est pareil, et c'est parce que tu fais ton lit au carré que tu exécuteras un homme. Nous étions silencieux et gênés…

Même la neige était là pour parfaire le tableau, en fins flocons… Des travailleurs municipaux enlevaient des toiles immenses représentant Marx, Lénine et Hegel, c'était parfait ! Trois jours plus tard, j'étais Gilbert Bécaud, mon guide à moi s'appelait Ana, une étudiante en théâtre rencontrée lors d'une cérémonie officielle qui marquait l'ouverture du concours. Personne n'a su si on avait gagné, des rumeurs disaient que oui, de temps en temps des étudiants venaient nous féliciter en plusieurs langues, on devait avoir un prix, mais lequel ? Dans cette salle immense aux façades extérieures noires de poussière, avec à l'intérieur des filets de protection pour prévenir la chute probable de lambeaux de plafond, Ana et moi étions l'un en face de l'autre, de part et d'autre d'une immense table pleine de choses très bonnes à manger.

Je dis ça pour les deux ou trois couillons de la troupe qui ont passé leur temps à critiquer la bouffe et à chercher des micros partout. Ana me souriait, alors moi je me suis vautré dans les rêves d'aventures que je faisais – et que je fais encore dans mon lit pour tromper le sommeil. Encore plus couillon que les autres, j'étais James Bond. Une Russe ! Quelques mots encore, des sourires... On souriait beaucoup, ça comblait les blancs que notre anglais approximatif laissait se répandre entre les plateaux de petits fours. Céline, la seule qui savait parler russe, était occupée ailleurs. Des collègues sont venus m'informer que la soirée continuait à l'hôtel. J'ai arrêté mon traîneau et leur ai dit que j'arrivais, juste le temps de convaincre la fiancée de Michel Strogoff de me suivre pour de nouvelles aventures à travers la steppe... Puis, on s'est lancé dans la ville, direction l'hôtel, on avait de la vodka à finir.

Une bande de Franco-russes s'ébrouait dans la nuit froide, en hurlant des gros mots locaux que nos collègues nous distillaient. On passa devant le Bolchoï ! À l'entrée de l'hôtel, il y avait un tourniquet, du Plexiglas et de l'uniforme. Tout le monde est entré à l'intérieur, sauf mon Ana. Il n'en a pas voulu, ce con de gardien déguisé en général, trop russe pour lui sans doute, allez dehors qu'il a dû dire, ce Staline d'hôtel, rien à faire. Ce n'est pas grave, me dit-elle, on se reverra demain. Demain, demain…, c'est vite dit, nous on part en excursion à Zagorsk chez les moines ! Et hop, elle est partie dans la nuit, habituée qu'elle était à ne pas discuter avec tout ce qui porte un uniforme. Je lui ai balancé mon regard le plus mauvais possible au portier, il a pris ça pour un sourire, habitué qu'il était, lui aussi, à faire chier le monde. Vodka et explication dans la chambre enfumée avec un collègue local qui revenait d'Afghanistan. La vue de mon pin's à l'effigie de Lénine le laissait perplexe, voire dubitatif, son front collé au mien. On s'interpose et j'essaye de lui dire que pour nous c'est pas pareil, il ne faut pas confondre Lénine et Staline… Je ne sais pas s'ils forment la jeunesse, les voyages, mais ils bousculent les principes. Explications et traduction simultanée, le tout avec une vodka à quarante-cinq degrés, parfumée à l'herbe de bison, et puis il est allé vomir poliment sa guerre et mon argumentation confortable de donneur de leçons, dans la baignoire où flottaient déjà quelques Français.

Je remercie mon Casque bleu traducteur. Il me fait alors remarquer que je porte depuis le début un sac de fille en bandoulière. Merde, Ana ! Son sac, que je lui tenais pour faire couple en vue de passer en zone confort pour étrangers… Elle avait tout dedans, ses papiers d'identité, des clefs, des trucs de fille russe et puis des choses molles enveloppées dans des serviettes en papier gris, celles qui raclent bien les lèvres gercées et qui se déclinent aussi en version papier toilette, sans qu'un effort particulier soit tenté pour les rendre moins râpeuses. Je les déplie quand même pour voir, je n'étais plus à ça près… Et là, « glip ! » fait la salive en essayant de rentrer. Plus de discours, il fallait que je la retrouve. Oh, Casque bleu ! Faut lui redonner son sac, tu la connais, Ana, une blonde gentille. Oui il la connaît, et il rigole ce con. Ah ! les Français, tous les mêmes, qu'il me dit. Il appelle ses compères. Ils parlent entre eux leur langue favorite et décident que je dois les accompagner. Ils la connaissent, elle habite une cité universitaire en banlieue, c'est ça ou rien. Alors c'est ça.

Je dis au revoir aux deux ou trois Français qui pensaient pouvoir se tenir encore debout, clins d'œil qui se veulent complices, s'ils savaient que c'est pour des paquets de papier raide que je pars la rejoindre… Je te le rapporte ton sac, même si je dois passer par la Sibérie, j'arrive ! Déjà les autres ont arrêté une voiture particulière. C'est comme ça qu'on prend le taxi dans ce coin, si on faisait pareil à Paris on circulerait mieux, on lève la main, on se met d'accord sur un prix et hop ! la voiture devient un moyen de transport intelligent... Mais bon, arrête de divaguer. Là, il faut se concentrer, mémoriser le chemin pour le retour, comme dans les films d'espionnage – au cas où je devrais rentrer à pattes, il vaut mieux assurer. Surtout que, demain, on part en car à 8 h 30 chez les moines. Il m'a dit, mon Casque bleu, que là où on allait il ne fallait pas que je parle, rien, pas un mot, pourquoi ? *Why ?* Pas de réponse, ou en russe, ce qui revient au même.

On arrive enfin sur un immense parking vide, sans doute prévu pour que les étudiants puissent garer leur voiture, ils étaient taquins les urbanistes soviétiques. Au lieu de passer par l'entrée principale, mon groupe de commando fait le tour et décide de démastiquer la vitre du rez-de-jardin (finalement, je vais sans doute passer par la Sibérie pour te le rendre, ton sac !). Manque d'entraînement sans doute, le carreau pète dans les mains d'Arsène Lupinnovitch, et là, un clébard, au lointain, nous fait la sonnerie aux morts, histoire de bien renforcer l'ambiance au cas où j'aurais encore l'air vaguement tranquille. On escalade, et nous voilà dans les escaliers transformés en fumoir. Une haie d'honneur de pétards nous laisse péniblement passer, non sans quelques invectives. Moi, quitte à paraître un peu fruste, je ne dis rien, c'est la consigne.

Deuxième étage, chambre 204, toc toc. Non,

ce n'est pas elle. 207, en face, pendant que les autres calment une vieille qui doit demander des explications. On ouvre, c'est elle. D'emblée, je lui tends le sac, et alors je lis dans ses yeux que je suis Youri Gagarine. Elle est contente, je lui dis au revoir, espérant profiter de mes éclaireurs pour le retour, car quelques détails à l'aller m'ont échappé. Et là, poilade générale, ils me disent que ce n'est pas grave, que je suis bien ici, petites claques dans le dos, sourires encore une fois complices, ils pensaient avoir compris ces cons ! Je suis là à regarder la retraite de Russie à l'envers, quand la porte s'ouvre plus largement…

C'était une toute petite chambre, qui allait bien avec le fond de son sac. Près de la fenêtre, une copine à elle dormait. Je me souviens encore avoir vérifié par cette fenêtre si je pouvais sauter en cas d'urgence. Oui, il y avait un arbre, fallait pas rater son coup, mais c'était possible. Mes mères maquerelles m'avaient foutu la trouille.

On s'est assis sur l'autre lit. Il était plus large. Ça couinait dans mon dos, on aurait dit un bébé, c'était un bébé, le sien… Ana… Mon Dieu ! Voilà, on a parlé comme on a pu, encore quelques heures avant de sombrer. J'avais peur d'écraser son enfant en dormant. Je me suis réveillé en sursaut. Il n'y avait plus personne, coup de tête à gauche, pour voir si le bébé était là, mais la fille du fond avait disparu, tout comme Ana. Te voilà papa à

Moscou ! Je n'avais que mes chaussures à mettre, et un manteau de fille, celui que Céline m'avait prêté pour le voyage, étant démuni en vêtements chauds. Elle était gentille, elle savait que je devais partir le lendemain en confession avec les autres. Ils avaient quand même retenu ça, mes Russes. Heureusement, la porte s'ouvrit et Ana revint avec deux grands verres de thé fumant et des blinis.

On se regardait beaucoup en soufflant sur notre thé.

Elle avait tout prévu, Ana, ma trouille, mon retour, le petit déjeuner, même la douche au premier étage, mais vu l'état des lieux je me suis contenté d'uriner de loin, en retenant ma respiration. Finalement, il n'est pas si mal notre studio, rue d'Orcel. Suivant ses conseils, je me suis caché derrière un sac porté sur l'épaule pour passer le tourniquet sous surveillance à l'entrée du dépotoir à étudiants. C'est pour ça que mes sbires avaient fait le tour quelques heures plus tôt. Il y avait de l'uniforme ! Et de nouveau le taxi russe pour que nos regards défilent et que nos pensées s'affolent…

Le car était là, ils m'attendaient, gros yeux du directeur, qui a fait son job de directeur dans le car, en nous déclarant que notre statut d'invité n'était pas un passeport pour faire n'importe quoi la nuit. Je ne vois pas pourquoi les autres écoutaient, tellement ces recommandations m'étaient destinées. Cela étant dit, cinq minutes plus tard, il s'empressait de me demander des détails sur mon escapade nocturne. Je lui ai proposé un blinis qu'Ana avait gentiment enveloppé pour moi dans du papier, tout comme la veille, lors de la réception, elle avait enveloppé pour elle et rangé méticuleusement dans son sac les petits fours froids que nos bouches repues avaient ignorés… Bon Dieu, pendant que je la regardais avec mon air con de don Juan chez les soviets, elle faisait ses courses pour la semaine ! Si ça se trouve, c'est pour ça qu'elle me souriait. Elle devait penser que je l'avais vue !

Le ton de ce voyage était donné ! Dès les premiers instants, chaque jour allait apporter son lot de découvertes et d'émotions.

* *
*

À Zagorsk justement ! Bon, c'est une ville consacrée au culte orthodoxe. Normal, nous sommes dans le pays, on visite en groupe avec des guides, oh les belles églises, les belles icônes. Et puis le groupe s'en va. Nous restons trois à bavarder quand trois moines en bure s'approchent d'un pupitre en bois sculpté, posent un vieux grimoire dessus, se raclent la gorge. Le soleil d'hiver fait voler la poussière des lieux dans des trapèzes de lumière. Nous nous regardons, et nos trois compères entament un chant liturgique à trois voix.

Nous, sans voix, interdits, scotchés, bêtes. Il y a même un haute-contre parmi eux... Pour nous. Pour nous faire croire en Dieu ! Et les autres qui ne sont pas là...

Nous étions en gare de Moscou afin de rejoindre, par le train, la Lettonie, prochaine étape de notre voyage avant Leningrad, qui n'était pas encore rebaptisée Saint-Pétersbourg. Nous prenions possession de nos wagons quand des gloussements, des oh et des ah, nous parvinrent de chez les filles. En fait, elles étaient toutes tombées sous le charme d'un brave mec qui, lui, en revanche, était raide dingue de nos donzelles. Il n'était pas très beau, mais touchant, habillé de bric et de broc militaire, fou de théâtre. De son sac sortaient la capsule en plastique d'un champagne russe et des biscuits pour fêter notre départ, enfin surtout celui des filles. Certaines pleuraient devant cette gentillesse et cette ferveur naïve, les bisous pleuvaient sur ses joues, se mêlant aux larmes. Il voulait leurs adresses et elles la sienne. Et puis une annonce en russe, le train s'ébroue, il faut partir. Des bisous avec la main cette fois, de la fenêtre du train, et notre arlequin russe qui se met à courir. Au revoir, au revoir... Et là, un énorme cri retentit dans le wagon. Il venait de se casser la gueule sur le quai, sans gravité mais bien répandu quand même ! Et le rire commença à se mêler aux larmes et les larmes au rire ; comme dans Tchekhov, le tragique se prend les pieds dans le ridicule et donne le pathétique… Pendant les douze heures de train qui suivront, des fous rires solitaires éclateront régulièrement au souvenir de la scène.

Que dire de Riga, capitale de la Lettonie, et de son vieux théâtre, des jeunes spectateurs, des murs de notre loge tapissés de photos de Jean Vilar et de Gérard Philipe, et de ce régisseur qui nous a réunis avant la représentation dans une toute petite pièce sans fenêtre, une sorte d'autel dédié aux dieux du théâtre, et nous a demandé de faire une minute de silence pour son pays luttant pour son indépendance ? J'aurais voulu dire un texte révolutionnaire mais, comme dit l'autre, ce soir, ce n'était que Molière. À la sortie, un étudiant en théâtre nous attendait, en larmes, car, nous avoua-t-il, c'était la première fois qu'il voyait Molière joué comme ça, aussi naturellement et librement. Et de nous expliquer la pesanteur de l'enseignement du théâtre dans son pays. Il souffrait de ne pas être d'accord et de ne pas pouvoir proposer de contre-exemple. Cette fois, on lui en offrait un.

Cette péripétie me rassure vis-à-vis d'une tendance très française, je crois, qui consiste à penser que la vérité en matière de mise en scène vient de l'Est, alors que, en ce qui concerne le jeu des acteurs, elle vient de l'Ouest, en gros bien sûr… Je pense sincèrement que le manque de talent est assez bien réparti sur la planète. J'ai vu personnellement des mises en scène lourdes et prétentieuses qui se terminaient en « iev », ainsi que des acteurs anglais ou américains au jeu conventionnel et stéréotypé.

Nous n'étions que trois, trois Français qui avaient accepté l'invitation émise par le conservatoire local à boire un verre ensemble en signe de bienvenue. La honte ! En y allant, j'ai cru avoir trouvé le bâtiment abritant le conservatoire mais, en guise de comédiens lettons, nous tombons sur des militaires russes qui se font une joie de nous entourer et de nous expliquer que ce n'est pas là, mais qu'à cela ne tienne, nous allons vous y conduire, chers camarades étrangers comédiens. Sauf que tout cela s'est passé en silence, vous savez ce silence insupportable de l'innocent qui sait très bien que dans quelques instants on ne va pas le croire, un bon gros silence après une tentative de dialogue : *conservatory ? dramatic art school please ?*

Trois devant, trois derrière et trois de chaque côté, au pas presque de l'oie. Sympas les sbires, ou alors ils avaient des consignes de politesse et de sécurité avec les étrangers, parce que en chemin, petit détail, nous remarquions que les trottoirs de la ville étaient particulièrement défoncés, des creux de quinze centimètres de profondeur et d'au moins quarante de large sur parfois plus d'un mètre de longueur. Nous apprîmes plus tard qu'il s'agissait tout simplement de la trace des chenilles des chars russes qui avaient été envoyés pour mater, quinze jours avant notre arrivée, les manifestations d'étudiants lettons. C'est sans doute pour cela aussi qu'ils voulaient nous inviter. Parler avec des chanceux, des gars et des filles d'un pays libre, des qui n'ont que des problèmes qu'ils aimeraient avoir. Et c'est pour ça que nous avons grimacé des vodkas et allumé de vieux svobodas pour voir si on pouvait faire des improvisations corporelles ensemble. Et c'est pour ça qu'on a marché à travers cette ville vide en direction de cette colonne, symbole de leur indépendance à venir, comme une saison qui tarde à s'installer. Le sol était recouvert d'œillets frais rouges et blancs, couleurs du drapeau. Des flics en imper de cuir noir fumaient en ne faisant même pas semblant de ne pas nous mater, accoudés à leur triporteur, comme dans *Z*, de Costa-Gavras (autre film que j'ai vu à l'école, tiens ça me revient !). Ensuite, ils nous ont suivis jusqu'à l'hôtel, où le reste de la troupe s'achevait au baby-foot.

Et puis le train entre Riga et Saint-Pétersbourg. Il roulait lentement, ce train, pouvait pas faire autrement le bougre, et c'était tant mieux, car les bras bien sciés par les fenêtres à guillotine, nous admirions en silence ces latitudes nord s'exprimer en voile de lumière, en lune orange, en flaques d'eau froide et tourbeuse entre des bouleaux striant la nuit, en poteaux pâles. Seuls quelques rots de petits pois-boulettes et de choux vite avalés au wagon-cantine venaient distraire nos rêveries, comme cette musique célèbre, *Steppe oh ma steppe*, définitivement en boucle dans le haut-parleur de ce gros wagon rouge. À un couloir de là, mon directeur de Conservatoire, Jean-Pierre Miquel, une cigarette coincée dans une commissure mal rasée, un bandeau sur un œil, plumait la promo au poker.

Leningrad. Encore pour un temps. Avant que le politiquement historique correct ne remette l'autre nom, signe comme l'autre d'une terrible exploitation, sauf que l'on ne parlera jamais du « siège de Saint-Pétersbourg ». On se promène, des quais, des places, des pavés, des cafés, juste pour y lire Dostoïevski. Et puis, l'art dramatique que l'on installe dans une salle de réception jaune et crème, quelques projecteurs orchestrés à la manivelle et des patates de soleil qui se découpaient en frites régulières dans la pièce qui se faisait belle pour le soir.

Retour à Moscou, et Ana qui me donne une tirelire, un mouchoir, et me dit qu'elle veut venir en France. Elle me fait comprendre que je peux faire la démarche pour l'inviter… Fin du voyage !

* *
*

Coup de téléphone au théâtre du Mascaret, chez Bob, qui revient, l'air sérieux, me disant qu'Antoine Vitez demande à me parler. Quelques jours auparavant, je venais de signer mon contrat d'artiste auxiliaire, une sorte de galop d'essai sur deux ans, au terme duquel les parties peuvent rompre leur engagement. Bob m'installe dans son fauteuil et referme la porte religieusement. Ah, la province ! Mine de rien, la main sur le micro, je commence à prévoir le pire. Regretterait-il mon engagement ? En fait, c'est lui qui est plutôt gêné de m'informer que se déroulera dans quinze jours, salle Richelieu, le traditionnel hommage à Molière. Toute la troupe en costume sur le plateau en ordre hiérarchique se prosternant devant le patron. Il paraît que les gens viennent nombreux pour voir cela, ils réservent à l'avance, alors comme je suis fraîchement engagé, il serait de bon ton que je m'y trouvasse.

Et je m'y suis « retrouvassé », enfin pas tout à fait moi, car, pour la circonstance, on avait ressorti les costumes des placards alibabanesques de la Comédie-Française. Avec celui de Patrice Kerbrat dans une *Double Inconstance* discrète, et malgré le travail de retouche savamment exécuté par les habilleuses, j'avais l'air niais, surtout, bouquet final, avec la perruque ! Même les coiffeuses ne pouvaient retenir quelque chose qui ressemblait à une compassion amusée.

Évidemment, j'étais là trois quarts d'heure avant, dans le foyer des artistes, regardant à la télé le déroulement du *Misanthrope* qui se jouait ce soir-là. L'hommage avait lieu après les saluts ! Toute la troupe est venue comme un ballet savamment réglé. Plus le sociétaire était important, ou se considérait comme tel, et plus il arrivait au dernier moment. Et chacun de se contorsionner pour interroger son voisin en tordant discrètement, croyaient-ils, leur bouche, afin de savoir si l'emperruqué de service était le grand dadais d'une comédienne plantée par sa baby-sitter ou un mannequin du service couture, pris d'une envie subite de se dégourdir les jambes. Hiegel, ma prof de deuxième année au Conservatoire, m'a reconnu quand même, et m'a demandé à la cantonade pourquoi j'avais accepté de porter ce costume ridicule... Ah, j'avais pas le choix, je n'ai encore rien joué ici.

Bertin m'a embrassé comme du bon pain et, très fort aussi, a affirmé à qui voulait l'entendre qu'il m'avait trouvé formidable dans mes journées de juin, et me souhaitait la bienvenue dans cette illustre maison... Ouf! Merci Roland ! Bref passage sur le plateau. On a salué le buste en polystyrène expansé du patron Molière et puis retour dans la loge pour retirer ma haire et ma discipline. Hommage terminé !

J'étais au dernier rang bien sûr, celui pour lequel les mains des spectateurs commencent à ramollir sous la contrainte de la claque. Au moment de ma démission, j'étais parvenu au milieu. Il me restait encore trois bons mètres à faire pour arriver au premier rang, soit, après un calcul approximatif, 0,0000006 km/h ?

* *
*

Dans une demi-heure, le rideau se lève sur La Comtesse d'Escarbagnas *et* George Dandin. *Le public attend dehors, debout depuis le matin ; ce n'est pas à cause du succès de ces deux pièces mais de la gratuité de cette représentation exceptionnelle du 14 Juillet.*

Pourquoi limiter au seul 14 Juillet ce genre d'événement ? Ne pourrait-on pas ouvrir régulièrement les portes et laisser rentrer la foule, comme ça, pour le plaisir du public et des comédiens ? Au moins pour donner la possibilité aux gens les moins fortunés de voir chaque spectacle de la programmation gratuitement ?

Du Bal masqué *à* Caligula, *en passant par* Père, Antigone *et le Labiche.*

Je crois que c'est un minimum. Bien sûr, à cela on peut répondre que la Comédie-Française est un des rares théâtres à avoir des places à trente francs (moins chères que le cinéma), mais elles sont tout en haut, on entend relativement bien mais il faut se tordre le cou pour voir les acteurs.

En revanche, offrir de vraies places à l'orchestre ou en corbeille, et jouer, et pas seulement du comique.

Imaginons que pour chaque spectacle de la Comédie-Française il y ait une soirée dite de première pour abonnés, une générale de presse et une représentation gratuite ouverte !

(14 juillet 1992.)

* *
*

Tous les ans c'était mademoiselle Bérangère Dautun qui s'y collait avec une verve assez étonnante. Fallait quand même se retenir pour ne pas partir en vrille en coulisse. Mais elle y mettait un tel cœur, avec sa robe piquée à Yvette Horner et pas encore customisée par Jean Paul Gaultier. Quand elle écartait les bras au moment stratégique, on s'apercevait que la robe était, oh astuce !, bleu, blanc et rouge. Le tout mis en musique par notre chef musical, à grands renforts de coups de cymbales au moment de la reprise. Dire que le tableau était kitsch est faible. Si ce moment avait été filmé, il serait passé en boucle au Zapping de Canal Plus. Tout se passait bien dans le meilleur des mondes, jusqu'au jour où une jeune sociétaire m'informe que le prochain 14 Juillet, c'est mon tour, ainsi en a décidé le comité. C'est ça, et Mazarine Pingeot, c'est la baby-sitter de mes enfants…

À l'approche des beaux jours, une habilleuse me demande quel costume je voudrais porter pour la *Marseillaise*... J'ai dû prendre l'air de Nicholson dans *Shining*, lorsqu'il n'est plus très bien dans sa tête, car l'habilleuse est partie sans insister, en me disant que ce n'était pas pressé, que j'avais encore le temps d'y penser, etc. Au revoir !

Donc, ce n'était pas une blague. Ils avaient osé décider que ce serait désormais le plus jeune sociétaire qui s'y collerait. J'ai tout essayé. D'abord, je n'étais pas le plus jeune en âge. Ils s'en foutaient, c'était par ordre d'élection au sociétariat. Je leur ai proposé une lecture de Duras en échange, de faire la vaisselle pendant un mois à la cafét', de voter pour qui ils voudraient au prochain comité, de cirer leurs pompes, mais le boulot était déjà distribué... Rien à faire, fallait que j'y passe.

* *
*

Samedi 10 juillet 1993

Seul dans ma loge, j'essaye de « dire » la Marseillaise, *que je vais devoir interpréter ce 14 Juillet... C'est une tradition à la Comédie-Française, et cette année ça me saute à la gueule... Il était embêté... Oh, mais il était embêté... Comment dire ce texte ?*

Le chanter, ça va encore quand on a la voix de Jessye Norman, mais le dire !

Mardi 13 juillet 1993

Répétition avec l'orchestre, en vue de la Marseillaise *de demain. Cela s'est bien passé, ma petite mise en scène fonctionne, à en croire les quelques présents dans la salle, trop contents que cela tombe sur moi, ce qui fait douter de leur avis ! Ce texte ne fait entendre rien d'autre qu'une énergie guerrière, oui c'est un texte de guerre, il vient d'un temps où les hommes espéraient autre chose qu'un billet de Loto gagnant ou l'arrivée hypothétique d'une reprise des investissements, un temps où les hommes voulaient le bonheur des autres hommes vivant avec eux, et non une suprématie économique, une dépendance des individus vis-à-vis des biens de consommation savamment orchestrée, un temps où des hommes s'assemblaient sur les chemins pour combattre d'autres hommes, envoyés malgré eux contrer cette vague nouvelle et imprévue… Alors que maintenant des peuples se déchirent sur des écrans plats sans que l'on n'ose plus revendiquer, d'abord et absolument, le droit des hommes à vivre simplement et indépendamment des flux économiques. Oui, j'ai vingt-sept ans et je suis fier demain de dire ce texte sur la scène de la Comédie-Française…*

* *
*

Monter sur scène ne se fait pas tout seul. Il faut trouver des raisons.

Ma petite mise en scène consistait à considérer le public comme l'Assemblée nationale et à débouler sur le plateau sans attendre que le rideau soit relevé, pour créer l'urgence… On ne rigole pas, merci ! Et tout ça, avec les guibolles tremblantes comme des drisses le long d'un mât, avec le même bruit en plus. « Allons, enfants de la patrie… », surtout ne pas faire la liaison ! Déjà que j'ai l'air con, mais de là à choper le tic de Chirac, il y a des limites… À peine en scène, ils sont déjà debout au garde-à-vous… Au garde-à-vous dans un théâtre ! C'est la guerre, on mobilise des restes de cette ancienne obéissance programmée, cette vie de tranchée qui se transmet. Au garde-à-vous dans un théâtre ! Moi, je l'ai senti ce texte de guerre, j'en ai fait ma guerre à moi contre moi. Mais eux, c'était pour faire british… (Y a pas de raison qu'il n'y ait qu'eux qui se lèvent quand ça fait zimboumboum. Nous aussi on a le réflexe !) Ils étaient pourtant surpris de ne pas reconnaître leur abonnée de service à la cause nationale. Avec elle, on se sentait en famille, on aurait pu la mettre, raidie, en haut de notre monument, « à nos enfants la patrie reconnaissante ». Lui, le petit jeune, il est trop nerveux. T'as raison mon colon, j'étais un peu tendu, j'avais ma crise des missiles, mon canal de Suez bouché.

Mais tu as entendu ce qu'il raconte, ton air préféré ? L'as-tu seulement dans le pif, ce fumet-là ? As-tu seulement flirté un jour avec des sentiments qui puaient un peu ? À part vider la fosse septique, c'est quoi tes actions commandos ?

Je n'ai pas de problème avec ce texte à condition d'écouter vraiment ce qu'il y a dedans.

C'est même pas du patrimoine pour moi, c'est des petits bouts d'hommes éparpillés, des crises de nerfs de commis bouchers de la Villette, du courage de suicidés, c'est des poètes qui en deviennent cons, et du courage de petites mères…

* *
*

À Jean Erlane

C'est si simple
Ma mère, ma mère
De mourir à la guerre
Le gris du soir
Et celui du matin
Je les vois tous
Mais j'ai peur
Ma mère, ma mère

De mourir à la guerre
Et je mange
Le froid, le gâté
Le dur et le mouillé
Que l'on me donne
Mais j'ai peur
Ma mère, ma mère
De mourir à la guerre.
Si tu savais ma mère
La faible barrière qu'est la chair
Quand l'acier s'éparpille,
Tout ici se fend
S'éclate et coule
Et pourtant je range le soir venu
Mes quelques affaires
Je parle
Et je prends soin de moi
Mais j'ai peur
Ma mère ma mère
De mourir à la guerre.
Si tu savais ma mère
La belle machine
Qu'est la guerre
Tout, ici, est prévu :
Les morts, les blessés
La relève et l'arrière
La cuisine le courrier
Le front le repli
Le crayon et l'eau-de-vie

Le missel la cuillère
Le tampon la carrière
Les chansons l'infirmière
Je te le dis ma mère
C'est si facile
De mourir à la guerre.

(Novembre 1995.)

* *
*

C'était pendant le tournage de *Capitaine Conan*. Je ne sais pas comment font les autres, mais moi, j'ai toujours été fasciné par la guerre. Tout petit, ça me hantait, la guerre, les batailles, des armées de petits soldats perdues dans les bacs à sable, des pluies de « bisons IV », le plus gros pétard en vente libre, au-delà, il faut faire du trafic avec la Serbie, la bombe atomique des bacs à sable achetée les jours de marché à Pont-Audemer ; des heures à comprendre et à discuter des avantages du Spitfire sur le Messerschmitt M109E, celui que Georges Marchais mais aussi Hervé, le cousin, connaissent bien.

Chercher des coins pour se planquer dans la campagne. Et si les Allemands arrivaient, qu'est-ce qu'on ferait ? Et d'imaginer des repères dans les arbres, de recenser les ruisseaux à cause des chiens. Une ville souterraine, ils y ont pensé à ça, les gars du maquis ?

Graine d'ortie à la télé et le petit qui se fait prendre par les boches à cause de son zizi, et voilà-t-il pas qu'on m'a sculpté le même. Si cela devait se reproduire, je ferais partie du convoi avec les p'tits de Lisieux… J'aime pas Papon et la France qu'il incarne.

Le maquis, Bernard, Jacques et les autres, il y a eu du mort pour la France dans la famille, des larmes séchées en silence et les mêmes anecdotes aux tablées, celles qui s'inventent pour mieux cacher le reste, parce que le reste est silence comme dit Hamlet. Ma mère en pleine peur, voulant, du haut de ses quatre ans, sortir d'une tranchée creusée dans la cour parce qu'il y avait une grenouille dedans, alors que des forteresses volantes ne donnaient pas encore dans la frappe chirurgicale ! Et le paternel qui était soldat, et vas-y qu'on apprend ça au hasard d'un dimanche. La baie d'Along, qu'est-ce que c'était beau ! Et pourtant, on en prenait déjà plein la gueule, mais c'était plus fort que nous, fallait qu'on regarde, les pupilles en biais à travers nos phalanges en persiennes ! Papa militaire ! Moi qui croyait papa pompiste !

Et volontaire, en plus ! C'est tout foutu. On s'est croisé, mais où ? dans la cuvette ? à Saigon, en permission ? Et voilà qu'un ami de la famille aussi !

Et il n'en parlait pas le papa, jamais, merde alors ! Contre les Viets, comme dans les films américains, le même décor et tout et tout... On fait la guerre et, après, on devient maçon et pompiste ! Comme ça, normal ! C'est costaud tout ça... Ça devrait tenir et puis, quand il rentrera, on lui demandera deux ou trois petits services à Suez ou en Afrique du Nord... Mais là, stop ! Il a dit non, mon papa. Une fois, d'accord, après la grande, la deuxième, parce qu'on croyait que c'était l'exemple à suivre. Et puis, on est jeune, on a peur, alors soit on se tire, soit on se blottit tout contre pour éviter les coups, comme à la boxe. Mais après, non ! Les autres, vous les ferez sans moi !

Et le mercredi après-midi on part en fouilles ! Il faut des preuves à tout ça. Il y avait bien une robe en soie noire avec des broderies chinoises dessus, mais c'était une robe de chambre, nous avait-on dit ; et puis des tasses avec des visages dedans, qui se voient quand on les remplit de calva (ça doit marcher aussi avec de l'alcool de riz) ; et puis une veste verte, un boléro un peu petit, il a grossi le père ; je voulais la mettre, ça allait bien avec le rouge de mon acné... Jusqu'au jour où, ça y est, on arrête les recherches, le prix Nobel est tombé : une boîte en carton et des papiers tout fins écrits à l'encre bleue, maréchal des logis-chef papa, ordres de mission, permissions, citations et un poème, « Sous le ciel d'Indochine », et puis la photo d'un Vietnamien accroupi, avec des jambes en short tout autour… La preuve était là ! Bien des années plus tard, lorsque je suis revenu de mes trois jours, fier d'avoir roulé la grande muette en jouant au dadais qui voudrait bien mais qu'est pas sûr de tenir le coup pendant un an, il m'a juste dit : « T'as bien fait, tu n'as pas de temps à perdre avec ces conneries-là… » Bravo !

À peine entré à la Comédie-Française, je suis contacté par un certain monsieur Schoendoerffer pour un film dont le titre est *Dien Bien Phu.* Je la connaissais, cette cuvette. Je l'avais vue en repérage pendant mes après-midi de contre-espionnage : les collines aux noms de femmes bien de chez nous, les noms de nos mamans et de nos tantines, et puis les Dakota qui faisaient du flux tendu de chair fraîche dans un sens et d'éclopés dans l'autre. Fallait terminer avec les honneurs, et les honneurs, en ce temps-là, ça consistait à choisir le lieu le plus indéfendable d'Indochine, à y mettre le plus gros de l'armée, à attendre que ça déboule de partout et à prendre, pour finir, une gigantesque branlée avant d'admettre qu'on a perdu la guerre. Je dois reconnaître que le plan a superbement fonctionné, y compris la longue colonne de prisonniers, filmée par Roman Karmen ; même les camps de concentration après… « Mais bon y z'étaient volontaires y z'avaient qu'à pas y aller… »

Toujours est-il que, trente-cinq ans après le

père, voilà que le fils se retrouve face au sergent recruteur pour y retourner ! Je trépignais. D'emblée Schoendoerffer m'a signalé que je fumais la même marque de cigarette que lui après la guerre, des américaines, ça commençait bien ! Et puis, c'est parti. On a parlé pendant une heure de l'Indochine, étonné qu'il était de voir un petit jeune s'y intéresser. À la fin, il m'a fait comprendre que c'était bon, on partait ensemble pour la cuvette, gros budget, l'armée vietnamienne à disposition, six mois sur place… Pardon, six mois ? Quoi, qu'est-ce qu'il y a ? Ben, je viens de rentrer à la Comédie-Française et je ne peux pas m'absenter aussi longtemps… Pas grave, t'as raison, m'a-t-il dit, tu salueras ton père de ma part !

Il y a des choix à faire parfois, mais je dois dire que l'occasion était très belle de marcher dans les pas de son père sans se griffer, de lui dire qu'il n'avait pas vécu ça inutilement et que, bien des années plus tard, des gens s'en préoccupaient, juste pour comprendre. C'est peut-être ça aussi ce métier : essayer de comprendre, rien à voir avec le pardon, tenter simplement d'avancer dans la forêt vierge de l'être humain autrement qu'avec un bulldozer.

* *
*

On a marché, marché
dans les entrailles de la terre
pleines de fer
et de choses humaines éparpillées.
Il fallait parfois s'y répandre
et repartir
pour marcher marcher encore
l'œil fixe, refusant l'à-côté
la toile du pantalon solide
aux appels crochus de ces buissons
de mains ensanglantées.
Combien de nuits
Combien de jours
sommes-nous restés ?
dans cette absurde absence
d'une terre écœurée…
L'éternité !
Nous sommes restés l'éternité
l'oreille encore vivante
aux béances des chairs
dans le silence des obus.
(Janvier 1996.)

Quand il reviendra
le soldat
Qu'il aura fini
ses incendies
Qu'il aura usé

ses souliers
et rangé ses paquets
Quand il aura salué
L'officier
quand il sera sur le quai
sans béret
Qu'il aura le tournis
dans ces cris
Quand il verra cette dame usée
sans bouger
et que ses yeux comprendront
sans un son
que c'est la mère
sans le père
et qu'une guerre
est passée…
(Avril 1996.)

* *
*

Ma première réaction fut de téléphoner à la maman… Lui dire que ça y était, que j'étais comme elle, instituteur, pour du presque vrai, le cinéma, avec Tavernier, et en maternelle en plus, comme toi, instit-directeur en classe de petits, les trois ans, ceux qui « commencent aujourd'hui »… Et tout de suite de lui demander de m'aider : cahiers de classe, activités, comportement et tout et tout… Après papa soldat avec *Conan*, c'était au tour de maman instit… Le cinéma continuait son drôle de travail de déclinaison de mon histoire intime… On n'échappe pas à ce que l'on est, semblait me dire le cinéma. La source de tout est en nous, dans notre histoire compliquée et secrète…

Sauf que là, maman a dit non. Débrouille-toi, apprends tout seul comme un grand, moi, personne ne m'a aidée, et puis j'en ai marre de ce métier, tout ça c'est derrière, aux placards, terminé, cinquante-deux ans à la retraite, pas une de plus, cinquante-cinq moins trois enfants, et tant pis pour la médaille. Manque de calcium, disait le médecin, c'est donc le manque de calcium qui fait tomber maman entre la gazinière et le réfrigérateur, en larmes parce qu'une compote de pommes s'est immolée par le feu un soir de semaine… Et ce regard qui traîne, perdu dans le Formica, maman absente, « les yeux dans la vitre », comme on disait, de longues poignées de minutes à touiller son café. Elle disait qu'il lui fallait ça après la classe, alors on remettait nos questions à plus tard et elle pouvait touiller son morceau de journée au front de la marmaille, ces amputeurs de mère, en espérant qu'il fonde, le sucre, dans le réchauffé du matin…

Tous les soirs il fallait se vider la tête d'une basse-cour de mômes en morves et en demandes, en sable et en sang, en siestes et en cris… Et tous les matins trouver des trucs pour les captiver, pour que ça déborde pas et que ça rentre dans le cahier des charges de l'inspection académique. Et tout ça, en restant prise entre deux fronts : la peur toujours présente, celle de l'inondation de cette enfance en devenir qu'il ne faut regarder que d'un œil si l'on veut durer, et celle du gendarme académique, à n'écouter que d'une oreille si l'on veut toujours aimer ce métier de mère maquerelle.

Elle n'a pas su s'en foutre, alors elle a papillonné, sans pouvoir se poser. Les combats étaient partout, multiples et quotidiens… Un petit qui se cognait à la récréation, c'était de sa faute, sang de tête qui hurle, et c'est le branle-bas d'affolement en attendant de constater la petite coupure assassine responsable de l'hémorragie, et le rythme cardiaque peut redescendre en tournant le dos à l'infirmière… Les récréations où l'on désarme des bandes entières de Thierry la Fronde lorsqu'elle a commencé, puis de Starsky et Hutch et de Goldorak en fin de carrière… Des tonnes de cailloux, d'élastiques et de bouts de bois qui finissaient par déformer les poches poubelles des manteaux Camif, manteaux marqués par cette écume de mômes à marée basse d'une fin de journée, une ligne de craie, de sable et de crottes de nez à mi-hauteur du vêtement.

Et puis il y avait les heures sup' de garde-chiourme en attente de beaux-pères ou de belles-mères, dont certains finissaient à table avec nous.

Les textes disaient d'appeler la police dans ces cas-là… Il y avait aussi des enfants différents, comme on dit, en retard dans leur tête ou dans leur corps, mais en retard par rapport à quoi ? À la moyenne, au programme, au plus grand nombre donc… Alors l'administration les retire, aveugle et sourde aux progrès de chaque jour de ces mômes en devenir, aveugle et sourde à cette fierté qui pousse lorsqu'une marche d'escalier est franchie, lorsqu'un cube se tient enfin sur un autre cube, lorsque le sourire arrive après les larmes. Mais autour de cette « différence », il y a la masse de la norme (25, 26, 27 élèves, 28 parfois), et ma mère qui n'avait que deux bras. Elle en arrivait même à apprécier la saison furtive des miasmes qui déciment les effectifs en fin de semaine…

Elle a dit non pour son fiston.

Moi je voulais ses cahiers, des conseils, des trucs qui font vrai pour le film. Eh bien, débrouille-toi, mon gars, tu seras vraiment dans la peau d'un instit qui débute…

Quelques semaines plus tard, j'étais à Anzin, près de Valenciennes : les briques, les terrils, la pluie, une gare, tout y était, j'étais chez moi comme au Petit-Quevilly, pareil !

Je suis dans ma classe à quelques jours du tournage. Bertrand est décoré de mômes comme un sapin de Noël, c'est Gulliver. Toute l'équipe de l'école maternelle de « derrière les haies » est là, impressionnée. Je pense à toutes ces discussions, ces réunions, ces précautions qu'il a fallu déployer, comme les verroteries qu'offrait Christophe Colomb aux Indiens, pour amadouer les regards affolés de ce corps enseignant... Ils sont adorables, la directrice en tête, Michelle Nierzeda, petite bonne femme dévouée à l'enfance...

Je suis briefé de partout, par Bertrand, sa fille, son gendre, qui ont écrit le scénario, le vrai instit de ces mômes qui vont jouer dans le film (il a dû faire 37 253 photos pendant le tournage !). Et puis arrive le moment fatidique. Bertrand veut voir comment se passe mon premier contact avec les enfants. Le test grandeur nature. Ils sont là, je les compte, trente-trois, le plus vieux doit avoir trois ans et demi...

J'avais demandé à la production de m'envoyer un cahier avec les photos et les noms de tous les enfants. Je voulais, le plus vite possible, pouvoir les nommer, vieux souvenirs d'école sans doute, tant que le prof ne retient pas ton nom, tu n'existes pas. La liste n'est jamais arrivée ! Alors j'en ai fait un jeu avec eux. Je me suis donné quatre jours pour les reconnaître tous, et les nommer individuellement. Je leur ai dit qu'il fallait être attentif et me signaler mes erreurs de prénoms... Qu'est-ce que je n'avais pas dit là !

Bertrand veut me voir en train de leur lire un conte. Allez, le test continue... Je prends *Le Géant aux chaussettes rouges.* Au bout de deux lignes, personne n'écoute, une main se lève : « Monsieur, je peux faire pipi ? » Oui, dis-je bêtement et là, trente-deux autres mains se lèvent pour y aller… Eux aussi me testent. Il a fallu organiser une sortie aux toilettes en rang par deux, avec une chanson douce dans le couloir pour éviter de transformer les quinze mètres à faire en émeute. Bertrand est consterné, moi aussi, et tendu en plus. Je sens dans son regard qu'il est déçu. On le serait à moins… Il va falloir fournir, comme le conseille Dominique Sampiero. Il faut jouer le conte, plutôt que de le lire. Il faut toujours dominer son auditoire ; dès qu'on relâche, c'est la zone, disons que c'est un peu comme une meute de loups tenue à distance par le feu, mais si le feu s'éteint, gare au carnage !

Alors j'ai préparé ma classe, trouvé des activités, j'ai volé une peluche à mes enfants comme naguère ma mère l'avait fait avec mon éléphant, qui, un beau jour, s'était retrouvé écartelé par des mains scolaires. Tout se retrouvait recyclé dans sa classe, et de toutes les façons : des poissons exotiques du grand frère aux lapins de ma grand-mère, en passant par nos jouets, les fringues et mes fiancées du catalogue de La Redoute. La classe de ma mère était une plante carnivore… Des années après, l'atavisme fonctionnait : j'ai donc piqué une marmotte marionnette en vue de faire une animation avec mes mouflets.

Je tenais un journal de classe en essayant de réfléchir au contenu pédagogique de mes activités. Petit à petit ma voix se calait sur les rappels à l'ordre maternels, ce ton haut perché qui n'attend pas de réponses. Mes yeux commençaient leurs rondes papillonnantes, tout voir, anticiper, tout déceler, celui qui s'ennuie, celui qui est fatigué, celui qui se fait emmerder par les autres, celui qui ne comprend rien, celui qui se gratte la tête, celui qui sent mauvais, celui qui a l'air triste sans raison… Curieux film où le travail de l'acteur finit par ne plus être qu'un épiphénomène au sein d'une journée déroutante, un film où la fiction dénonçant une réalité est tous les jours battue en brèche par cette même réalité, au point qu'il faut se retenir pour rester crédible.

Même la déco, d'ailleurs, a dû faire preuve de retenue lorsqu'elle a fait l'appartement de la mère de Laetitia. Je découvre le site, la cité des Templiers, des immeubles en longueur de trois étages, des parkings, des carrés de ciment qui devaient servir à délimiter des pelouses, des enfants en souffrance, sales, édentés, les mains écorchées en permanence parce qu'elles n'ont jamais touché quelque chose de doux. Ici, tout dépasse, saillit, transperce, gratte, tombe, se fend, s'effrite, coupe et disparaît. Même les bouches d'égout sont provisoirement recouvertes d'un bout de contreplaqué, lui-même déjà défoncé… Et le cinéma vient donc s'installer là, le temps d'une journée. Je découvre le travail de la déco. Vous y allez fort, non ? Vas voir à l'étage ! J'y vais ! C'était pareil, voire pis, puisque, par définition, un étage plus haut c'était la vraie vie et que c'était pareil, donc pis.

La Roumanie existe en France, le lien historique continue, mais à l'écart des salons littéraires, des théâtres et des universités…

Après cette journée de tournage dans la cité, toute l'équipe semblait en deuil. Une gêne visible s'était installée, nous n'étions pas en Roumanie ni au Sénégal, mais en France à une heure et demie en voiture de Paris. On ne parlait que de ça, à voix basse… Avec Nicolas, le garçon qui filmait le tournage, nous avons voulu organiser une interview de Jean-Louis Borloo, le maire de Valenciennes. Je le connaissais un peu pour l'avoir croisé lors du Festival de Valenciennes. Je voulais juste lui poser cette question : « Qu'est-ce que ça fait d'être maire et d'avoir la cité des Templiers sur le territoire de sa commune ? » Je ne cherchais pas à le coincer, c'était une question sincère, je n'avais pas envie de jouer.

Nous nous sommes donné rendez-vous au Phénix, le théâtre de Valenciennes. Il arrive mal rasé et entouré. On se serre la pince, canapé et plantes vertes, soleil du nord dans les baies vitrées du patio, la caméra tourne, je lui pose une question. « Philippe, il faut bien que tu comprennes que maire, cela s'écrit aussi "mère", etc. » Je n'ai rien préparé, je ne peux pas vérifier ses chiffres, il me soutient que lorsqu'il est arrivé, la situation était pire – là, je dois dire que mon cerveau a du mal à imaginer le tableau… Et puis il me parle du colbertisme de la France, de cette pyramide qui fait que tout dépend de Paris. Moi je lui réponds urgence sanitaire…

Je ne savais pas que le béton pouvait devenir poreux, que des enfants pouvaient perdre leurs dents à treize ans. Une fille a pleuré parce qu'on lui a fait voir qu'elle nous serait utile en jetant un œil de temps en temps sur le matériel, alors que la régie avait très habilement négocié la garde des camions avec une grande gueule locale influente et visiblement beaucoup plus efficace que la police. Elle pleurait parce qu'elle avait l'impression de servir à quelque chose. Elle avait gagné une pièce de dix francs, on a été obligé de la calmer tellement elle était heureuse, elle avait la reconnaissance ingrate… Une cité qui donne envie d'être un chien, au moins quand t'es chien, tu as le cerveau qui va avec… Quand t'es chien, t'as des parasites, et c'est normal, on ne te fait pas de tresses de poux tous les matins avant d'aller à l'école. Quand t'es chien, tu ne mets pas une pièce dans un compteur pour manger chaud le soir, sous l'ampoule… Quand t'es chien, tu ne sens pas l'urine dans tes vêtements venus des grands frères (je vois d'ici le temps où le corps enseignant exigera des gants en caoutchouc pour déshabiller les enfants à la pause pipi)…

Des écoles comme des dispensaires. Des écoles où, tous les matins, il faut d'abord retrouver l'enfant dans l'enfant. Des écoles comme des hôpitaux de campagne, en arrière des lignes, et qui tous les soirs, à 16 h 30, les invitent à remonter au front.

Vivre une année scolaire sur quelques semaines, aimer ces gosses, être inquiet, en parler aux parents, le soir. Ce fut le cas de ce petit, chaque fois que je disais à la classe ce poème de Tardieu :

> Comment ça va sur la terre ?
> Ça va, ça va, ça va bien
> Les petits chiens sont-ils prospères ?
> Mon Dieu oui merci bien […]
> Et votre âme ?
> Elle est malade
> Le printemps était trop vert
> Elle a mangé trop de salade…

Les gosses adoraient ce poème, qui était prévu dans l'écriture même du scénario et que j'avais découvert par la même occasion. Avec eux je jouais ce texte. Ils imitaient mes intonations exagérées comme le ton des concierges, cela les faisait rire et moi aussi. Nous tournions la scène de l'inspecteur, interprété par Didier Bezace. Les enfants étaient disposés en cercle, et on jouait Tardieu en se l'appropriant. Nous avons fait plusieurs prises et, chaque fois que je disais les deux derniers vers, le petit en question se levait, me tendait un feutre rouge et, avec un sentiment d'urgence et de sérieux, me disait à peu près ceci : « … Lavemalad-fli… euh… lacepamequeless… euh… malad… »

Et ce feutre rouge tendu comme une preuve de ce qu'il avançait.

Trois prises, je crois, et par trois fois ce môme a tenté de me dire la même chose. C'était sûrement important et je ne comprenais rien. Je pensais vaguement reconnaître le mot « malade »… J'en parle à sa mère en fin de journée et je lui demande si son enfant n'a pas été malade. Elle me répond que non. Je lui fais part de mon inquiétude, inquiétude, elle me dit alors qu'en ce moment la grand-mère du petit est à la maison, alitée et malade, et qu'une infirmière passe tous les jours lui prendre sa température, qu'elle note avec un feutre rouge au pied du lit…

Des milliers de perches qu'il faut tendre ! Pour ce petit-là, la perche s'appelait Tardieu. Et pour les autres ?

Cette scène est dans le film, et, lors d'une projection à Berlin, nous avons eu la surprise de voir que la tentative de phrase du petit avait été traduite en allemand et faisait rire… Bel effort.

Dominique Besnehard, mon agent, fut victime de ce genre de scènes un peu improvisées. Le script envisageait des situations mais ne pouvait pas prévoir la réaction des enfants. Cela nous obligeait à lancer l'action bien avant, comme une vraie activité, quitte à s'arranger pour filmer en cours de route, discrètement si tant est qu'une équipe de cinéma dans une salle de classe puisse être discrète – surtout au début d'ailleurs, Bertrand lançant ses ordres comme sur le tournage de *Capitaine Conan*, ce qui avait le don d'anéantir tout le travail d'équilibre précaire et d'attention que je mettais en place. Sans compter le bruit du clap, qui faisait beaucoup rire mes Schtroumpfs, et sans oublier la bonnette du micro de perche qu'ils n'avaient de cesse de vouloir attraper, pour gagner un tour gratuit sans doute... Quelques petits ajustements de discrétion plus tard, nous étions rodés. Mais Dominique, qui assistait ce jour-là au tournage, recroquevillé sur une chaise minuscule, s'exclama en pleine prise : « Dis donc, on dirait que t'as fait ça toute ta vie, mon chéri !... » Bertrand éructa gentiment : « Coupez ! Dominique, mais enfin, on ne parle pas pendant les prises. Depuis le temps, tu devrais avoir l'habitude. »

* *
*

Les allers et retours Paris-Valenciennes sont assez pénibles, surtout ce week-end, où l'on tournait le samedi de 8 heures à 16 h 30. Deux heures de voiture (une ambulance) et, à 20 h 30, Les Fourberies de Scapin, *puis quelques heures le dimanche avec Anne-Marie et les enfants, et de nouveau Scapin à 20 h 30, et retour à Valenciennes à l'issue de la représentation pour tourner le lendemain matin à 8 h 30.*

J'en ai plein les pattes !

(Dimanche 7 juin 1998.)

* *
*

Statistiquement, un instituteur, lorsqu'il regarde sa classe, a en face de lui au moins un enfant battu ou maltraité...

Lequel ? Vais-je le voir ?

Moi aussi je devais en avoir un, assis à côté de moi, un que j'avais peut-être engueulé ou, pis, un qui n'avait vraiment jamais capté mon attention, un môme insignifiant, ni bien, ni mal, ni propre, ni sale, ni triste, ni gai... Une moyenne de gosse. On y pense, même pour un film.

On y pense, parce qu'il s'en trouvait un qui tapait tout le monde tout le temps, des coups de poing, des étranglements, il piétinait ses camarades assis par terre. J'étais obligé de le serrer entre mes cuisses pendant les prises, cuisses qu'il mordait pour se dégager. Pas pratique pour jouer la comédie. Et puis on en vient à la menace absurde : lui montrer ce concentré de phalanges pour lui signifier d'arrêter, qu'il ne fait pas le poids. Et l'on se sent immédiatement bête… Alors, un jour, m'est venue l'idée d'en faire mon adjoint. Je lui ai demandé de montrer l'exemple, et de surveiller ses camarades pendant les repos et les silences, toujours avec moi au premier rang des sorties aux toilettes. Ça a marché…

Je m'en suis persuadé en tout cas.

* *
*

Belle représentation, de la fatigue mais beaucoup de bonheur. La fatigue sert à épurer.

(Jeudi 18 juin 1998.)

Il court, il court, entre Valenciennes et Paris… Je n'ai pas le temps d'écrire dans ce journal. La Comédie-Française s'éloigne de moi à grands pas. Ses courriers, ses microscandales, ses rumeurs ne m'intéressent pas… Je suis parti… Ça y est !

(Lundi 21 juin 1998.)

* *
*

On y pense, parce que certains arrivaient fiévreux à l'école, bouillants et flageolants. Alors je les couchais sur des matelas pendant les prises.

On y pense en voyant les parents, et l'on s'en veut de ce regard inquisiteur…

Mais ce film, c'est aussi Constant, le voisin qui jouait mon père, première fois à l'écran, il m'appelait « mon fils », l'œil rieur et troublé, alors ce sont des boudoirs que l'on trempe dans le mousseux en regardant son *Titanic* construit en carton, ce sont des cartes de vœux que l'on s'échange encore maintenant, longtemps après…

C'est aussi la certitude que la vie s'accroche partout comme elle peut, entre les briques et le souvenir d'un métier.

C'est que le temps nous manque toujours pour écouter et faire, alors que partout des graines sont là, en attente, prêtes à germer comme dans ces forêts dévastées par les flammes. On peut reconstruire, toujours.

Nous étions en route avec Bertrand. Retour à Anzin quelque temps après la sortie du film. Il pleuvait sur cette autoroute du Nord. Une cérémonie, pour rebaptiser l'école : elle va s'appeler école Bertrand-Tavernier, une plaque, des photos pour la presse, des dessins d'enfants, de grands bonshommes à chapeau de cow-boy, des retrouvailles et des prénoms qui ne reviennent pas tous, des bisous qui se pendent à mon cou, moi Daniel ou Philippe, ils ne savaient plus comment m'appeler…

Et puis, direction le théâtre municipal pour assister à une représentation.

Elles étaient trois ou quatre, je ne sais plus. Elles avaient travaillé sur le film, avant, pendant et après ; elles avaient joué la comédie ; Bertrand leur avait donné des rôles de mères de famille, de voisines… Elles jouaient bien, naturelles et spontanées. Alors, une fois les camions de cinéma disparus de cette rue, l'école rangée, les larmes coincées dans les gobelets pliés du pot d'adieu, les adresses échangées, elles n'ont pas voulu s'arrêter là… Une association a vu le jour, un local, des idées, une putain d'envie de prendre la parole.

Et nous voilà avec une équipe de Canal Plus à regarder un spectacle dans ce grand théâtre de brique. Elles sont en scène, elles ont réquisitionné les maris, les voisins, les enfants, pour parler d'elles, des femmes de mineurs malades, des maris alcooliques ou infidèles, mères de fils ou de filles qui ne font rien à la maison, qui n'aident pas et sèchent les cours, de la drogue, des coups, de l'ennui… Elles abordent tout fièrement, et dans leur spectacle toutes ces histoires finissent bien, dans la solidarité, l'entraide et l'écoute de l'autre. C'est naïf, amateur, tout ce qu'on veut, mais aux saluts tout le monde pleurait, même l'équipe de Canal Plus…

Et si ça continuait demain ?

* *
*

Jacques Lassalle me présente, entre deux portes capitonnées pour les conversations secrètes, mon futur metteur en scène : Gildas Bourdet, qui va monter *Le Malade imaginaire.* On se serre la main, moi très intimidé et lui vaguement étonné. Il ne se souvient plus quel acteur a été retenu pour jouer Thomas Diafoirus. Normal, c'est Antoine Vitez qui avait prévu le coup, peu de temps avant de mourir (en regardant la cérémonie des Molières à la télé, paraît-il, mais cette information demanderait à être vérifiée !). Je me souviens en tout cas de nos multiples « croisements », Antoine et moi, lors des répétitions de *L'Antiphon*, de Djuna Barnes, à l'Odéon. À chaque fois, il m'assurait qu'il allait m'accabler de travail, et moi de lui répondre, à chaque fois aussi, que je ne demandais que ça. Aujourd'hui encore, je suis sidéré de la confiance que cet homme m'a accordée, et sans me connaître plus que cela. Mais redescendons sur terre. Là il s'agissait de Jacques Lassalle. L'entretien avec Gildas Bourdet fut bref, car ce dernier m'a dit simplement : « Jeune homme, faites-moi rire ! » Et puis c'est tout !

J'étais affolé et consterné. Thomas Diafoirus n'est pas ce que l'on peut appeler un rôle « dramatique », et avant cette rencontre je savais que l'enjeu était de restituer ce comique. Pas besoin que Bourdet en rajoute une couche, j'étais déjà passé maître dans l'art de me foutre la pression tout seul !

Enfin là, c'était clair, il fallait que je le fasse rire !

Le jour arrive de la première lecture avec l'ensemble de la distribution. Je devrais dire, pour être juste, que le premier jour de lecture arrive, car pour ceux qui les comptaient – j'en faisais partie –, il y en aura dix ! Dix jours pleins, assis à lire *Le Malade imaginaire*, enfin à écouter Gildas nous lire cette œuvre, on peut même dire ce chef-d'œuvre car, en dépit de son traitement, je n'arrive toujours pas à la détester.

Tout y passait, Lacan, Freud et Jung et bien d'autres, sûrement illustres et intéressants. Mais là, accolés à Molière comme Brel à Ventura, ça vous donnait plutôt envie de faire du jet-ski avec Lagaf'. Presque deux semaines à dessiner des bateaux dans les marges de sa brochure, en copiant sur ceux de Nicolas Silberg, très bon dessinateur et amateur de peinture. Je me souviens encore de son peintre turc et alcoolique dont il appréciait la peinture mais plus encore la plus-value que prenaient ses toiles. Enfin là, avec Silberg, on faisait des bateaux de trois quarts arrière, couchés sur le flanc à marée basse, pendant que Bourdet nous faisait passer le message que le savoir et la connaissance c'était lui, et qu'il entendait bien que cela soit clair, une fois pour toutes. C'était le syndrome de pas mal de metteurs en scène ayant participé à toutes ces aventures collectives dans les années 1970, quand chaque décision devait être approuvée par tout le monde. Des heures et des heures de discussions, de débats, de fâcheries, de clans et de mains levées... Maintenant, terminé ! Le chef, c'est moi ! Je sors mes livres, et vos gueules les mouettes ! – Tiens, ça ferait bien une mouette sur mon bateau !

Je ne connais pas grand monde autour de la table. Il y en a qui prennent des airs entendus à chaque référence du guide bleu ; d'autres qui regardent le voisin en opinant du bonnet pour bien montrer qu'ils ont compris. Guy Michel, qui doit jouer mon père, monsieur Diafoirus, tousse beaucoup, d'une vilaine toux qui ne semble pas vouloir s'arrêter. Il est habillé très chic, avec une petite pochette assortie qui dépasse de sa veste, et qu'il n'arrête pas de sortir et de remettre à chaque quinte.

Jean-Luc Bideau a définitivement pulvérisé mes derniers complexes dans ces exercices de lecture à voix haute. Je pense que sa technique consiste à en faire des caisses dans la nullité et ce, dès le début, afin de consterner tellement la troupe qu'à la moindre ébauche de progrès tout le monde le congratule, pensant avoir échappé au pire. Marianne Épin écoute beaucoup le grand timonier. Normal, me dira-t-on un jour, ils sont ensemble… Même que, d'après une jalouse de service, c'est grâce à cela qu'elle joue Toinette. Elle aura la joie d'apprendre en cours de répétition que le comité de fin d'année a décidé de la virer. La jalouse de service faisait partie de ce comité de salut public… *No comment.*

Arrive ma scène, l'entrée des Diafoirus. Nous sommes au cinquième jour de lecture, à peine à la moitié de la pièce. Je laisse tomber mes marines pour lire enfin, et là, sur la dernière phrase de mon texte, je me permets de faire une petite variation qui a fait sourire notre Fidel à la gauloise.

Quel bonheur ! Première tentative, première victoire. Après cette première réussite, je n'ai eu de cesse de le faire rire, emporté par une confiance sortant du pressing. Je pense avoir proposé 1 274 façons de jouer Thomas Diafoirus. Chaque jour j'inventais, je faisais le con, et Bourdet faisait le tri, écartant en se marrant les gags de trois tonnes, et organisant ceux qui lui semblaient tenir la route.

* *
*

Vendredi 12 mars

Reprise du Malade imaginaire *dans des conditions indignes du théâtre. Le metteur en scène a retiré son nom de l'affiche (il faut dire que le comité venait de virer sa femme l'année d'avant. Il devait avoir moyennement envie de prendre le risque d'être obligé de faire répéter Catherine Hiegel, membre du comité, et qui avait très très envie de jouer Toinette !). Pour couronner le tout, Jacques Lassalle, qui n'aime pas le spectacle mais qui organise la reprise, parce qu'il vient de se fâcher avec Jean-Luc Bideau, refuse d'assister aux répétitions. Voilà donc les comédiens livrés à eux-mêmes, exerçant leur petit contrôle sur le spectacle, se voulant objectifs, pour le bien de la troupe bien sûr, et patati et patata… Exercice très difficile : il faut être patient et faire de son mieux.*

* *
*

Tout allait très vite. On changeait de point de vue tous les jours sur le couple Diafoirus, ce qui perturbait beaucoup Guy Michel qui, lui, voulait absolument « fixer » chaque chose. Comme ce jour où, pour voir, j'avais décidé de tout jouer enrhumé. Bien sûr, j'éternuais en plein milieu d'une réplique de mon père. Guy Michel s'est retourné, surpris. Ne voulant pas paraître manquer d'humour, il me dit : « Très drôle, je pourrais même à ce moment-là sortir mon mouchoir et te moucher. » Du coup, le voilà « fixant » aussitôt sur sa brochure ce gag que je trouvais subitement moins drôle.

* *
*

Samedi 13 mars

Hier donc, reprise du Malade. *La salle était pleine. Les gens semblaient ravis de leur soirée… L'administrateur n'était pas là, aucune nouvelle de sa part, même pas un petit mot de réconfort, de soutien, ou tout simplement pour nous dire qu'il pensait particulièrement à nous ce soir…*

Hier, le spectacle était là, le théâtre aussi donc. Mais mon Dieu, comme c'est désagréable de constater qu'un homme de théâtre peut se foutre à ce point-là d'acteurs et d'actrices qui vont jouer, certains même pour la première fois…

* *
*

Évidemment, le lendemain j'avais oublié le coup de l'éternuement et envisageais plutôt de jouer la scène comme si Thomas Diafoirus était un champion surentraîné. Je sautais, faisais des assouplissements, des pompes et de la corde à sauter. Guy Michel fut très déçu d'apprendre, tant par ma bouche que par celle du metteur en scène, qu'on avait changé d'optique, qu'il ne fallait pas trop chercher à arrêter les choses, mais qu'il fallait au contraire se donner le temps d'imaginer un ton commun, une même couleur. Il rentra son mouchoir en dentelle en maugréant contre cette façon de travailler.

Quelques jours plus tard, il rendait son rôle. Il ne voulait pas travailler comme ça et puis, nous dit-il, il était fatigué. Peu de temps après, on apprit sa mort. La première d'une longue série au Français.

* *
*

Vendredi 26 juin 1992

J'apprends la mort de Richard Fontana, survenue dans la nuit de jeudi à vendredi. Il était dans le coma depuis plusieurs jours. Sa maladie n'aura jamais été nommée, suivant sa volonté, paraît-il. La Comédie-Française s'égrène ainsi, petit à petit, macabrement, danse de mort autour des voltaires.

Ce soir, madame le doyen a fait une annonce au public à peu près en ces termes : « La société des comédiens-français dédie la représentation de ce soir à monsieur Richard Fontana, qui vient de nous quitter. »

Julien, jeune garçon de treize ans qui joue dans le spectacle, me demande à l'oreille : « Qui est invité ? »

Le public applaudit l'annonce.

Le régisseur demande de faire place au théâtre.

Le noir s'installe en coulisse.

« Personne n'est invité, Julien, c'est Richard Fontana qui nous a quittés. »

« Mesdames et messieurs, le spectacle est à présent commencé. Merci… »

Jeudi 16 juillet 1992

Aujourd'hui, en allant à la répétition, j'apprends qu'un acteur, Dominique Liquière, s'est suicidé, d'une balle dans la bouche me dit-on. Je le connaissais peu. On avait joué ensemble dans La Vie de Galilée, *où j'avais repris un rôle. Je ne l'avais donc pas côtoyé en répétition. Il avait perdu sa femme lors d'un accident de voiture. Il ne s'en était jamais remis.*

Acteur entré sous Jean Le Poulain et depuis peu employé, il était seul, perdu, comme en sursis par rapport au métier comme dans la vie.

Il s'est tué… Triste vie…

* *
*

Dimanche 7 mars 1993

Je mangeais seul à la cafétéria quelques grains de raisin quand C. Hiegel est arrivée avec J.-Y. Dubois. De les voir tous les deux, avançant côte à côte, j'eus un pressentiment de mauvaises nouvelles. En effet, Catherine me dit tout bas à l'oreille que le fils de C… F… s'était suicidé au pistolet à grenaille à la suite d'un problème d'honneur par rapport à une fille.

Il s'appelait Benjamin. Je l'avais rencontré quelquefois sur Lorenzaccio, *où il était figurant, et d'autre fois lors de spectacles. Il avait toujours un mot gentil à mon égard. Ce type trimballait le mal de vivre, ça se voyait… on ne voyait même que cela. Il me rendait mal à l'aise, coincé qu'il était entre la détresse et la réussite de sa mère… Il voulait être comédien-anarchiste…*

Ce soir on joue La Serva amorosa *et Pascal Légitimus est dans la salle.*

* *
*

Les répétitions allaient bon train. Un parcours de gags se mettait en place ; des gags qui faisaient rire mes camarades, jusqu'au jour où Gildas Bourdet me demanda de pleurer lorsque Thomas Diafoirus confond la fille et la belle-mère. Ce que je fis sans tout à fait pleurer mais en prenant l'air abattu. Et comme il ne me dit rien, je gardai ça dans ma besace ; mais une semaine plus tard, en plein filage du spectacle dans la salle Richelieu, j'entendis du fond de la salle mon Gildas Zedong hurler : « Bon maintenant, Torreton, tu vas les cracher tes larmes ! » Et moi, emporté par une confiance Tonigencil après toutes ces semaines de répétitions fructueuses, de lui répondre : « Oui, vas-y, engueule-moi, j'aime quand tu me parles comme ça, t'as raison, encore, encore, encore ! » Il se plante sur le plateau, les bras croisés et les jambes écartées, et me demande (le mot est faible) de recommencer en pleurant, ce que je fais, et deux belles larmes perlent sur mes joues de bébé.

Le Che s'éloigna en me demandant de « fixer » cela.

C'est alors que, me retournant vers mes collègues en scène et voyant leur mines consternées, je réalisai que Khrouchtchev ne plaisantait pas, mais pas du tout du tout du tout. Quelle mouche l'avait piqué ? Pourquoi cette soudaine tension est-ouest ? Si j'avais pu me rendre compte une seconde de son état, d'abord je n'aurais pas pu pleurer, et puis cela en aurait était fini de ma confiance dans ce parcours diafoiresque.

Être en scène, c'est délicat et fragilisant. On a l'air con. On a peur. Il y a le regard des autres qui, même lorsqu'il est bienveillant, est là. Alors, on ne sait pas comment s'y prendre. De belles idées, celles qu'on avait en venant à la répétition, s'emmazoutent en bord de scène ; toutes ces belles tirades qui sonnaient si bien dans l'ascenseur et vous donnent l'air bête face au quidam qui attendait au rez-de-chaussée. Et puis, il y a les différences d'âge, de notoriété, de formation des acteurs. Lui, il a fait le Cons', elle le TNS. Celui-là, il paraît qu'il était formidable dans *Un cri dans la nuit*, tu l'as vu ?

Une armée de cadenas est planquée derrière des piliers humides pour vous enfermer dans les culs-de-basse-fosse de votre timidité. C'est dur d'y aller, comme on dit, mais d'y aller vraiment, sans esbroufe. C'est dur d'essayer d'échapper à la compétition qui se manifeste à tous les niveaux et à tous les stades d'élaboration d'un spectacle.

Tout dépend de votre position dans le métier, si vous avez le rôle principal ou non, si vous êtes le petit jeune dont on parle, la jolie qui arrive ou le vieux qui s'en va, celui au passé si riche mais qu'on avait oublié, le (ou la) pistonné(e) de service, le fils ou la fille de Machin… Chacun a des milliers de raisons pour ne pas y aller ou pour assurer, ce qui revient au même… C'est dur de décider d'aller sur le plateau pour tenter quelque chose devant les autres. Pour l'inconnu comme pour la star, ce métier se résumera toujours à cela : on tente de jouer quelque chose devant les autres, et cela fait peur.

* *
*

J'imagine de plus en plus la tâche du comédien. D'abord une abondance d'idées, d'envies, d'états, etc., qu'il faut réduire petit à petit à une ligne forte, une épure.

Mais il faut partir de l'abondance et du désordre.

L'acteur, même expérimenté, qui inscrit tout de suite son travail dans l'épure rate fatalement quelque chose.

L'enfant, au début de sa vie, tâtonne, essaye, insiste, rate, tombe, se brûle. Et de cette débauche de gestes, d'élans et de tentatives vont naître de nouvelles connections synaptiques qui, plus tard, lui seront nécessaires.

Une conversation, fût-elle longue et riche avec le metteur en scène, ne remplacera jamais l'expérimentation par l'acteur, sur scène, de ses propres tentatives.

C'est pourquoi un acteur ne peut n'être qu'une voix et un corps à disposition. Il doit imaginer, rêver, faire sa propre mise en scène parallèle à celle du metteur en scène.

Toute œuvre d'art naît de la contrainte, celle de la peinture sur la toile, la dureté de la pierre sous le burin du sculpteur, la résistance positive de l'acteur face au metteur en scène. Un acteur doit être à l'origine de tout ce qu'il fera sur le plateau. De près ou de loin, il doit tout faire « sien ». Ce qu'il fera en scène doit naître d'un fantastique échange entre le metteur en scène et lui. Les vecteurs de ces échanges sont multiples et parfois impalpables, le but du jeu étant que le spectateur ne puisse pas faire la différence entre ce qui appartient à l'acteur, au metteur en scène et à l'auteur.

Un acteur est un torrent de montagne qu'il

faut maîtriser et non pas un gros fleuve mou et plein d'alluvions, un fleuve qui déborde en crues chroniques.

(Comédie-Française, 1992.)

* *
*

Bourdet me l'avait dit. Tavernier viendra un soir au théâtre – il voit tout de toute façon ; boulimie de curiosité, l'art de la chine appliqué à son métier. Tatav la Brocante viendra donc voir le malade s'imaginer, et donc moi par ricochet, car j'y thomasdiafoirisait tous les soirs.

Il était en bas.

Les yeux me piquaient car je ne prends pas toujours le temps qu'il faut pour les cotons imbibés d'eau et de lotions adéquates. Parfois même, j'oublie, pressé d'aller vider cette peur rendue joyeuse par un baisser de rideau sur des mains agitées. Il était en bas, le grand monsieur, embêté de grandeur, s'excusant de cette carcasse démesurée. Et moi, j'étais méfiant, déjà persuadé que ce cinéma ne cherchait pas des acteurs mais des héros, des rôles en chair et en os, des prêts à tourner. J'étais encombré moi aussi par mes peurs de n'être que moi-même et que cela ne suffirait pas. Je me réfugiais dans l'artisanat de mon métier de planches, renonçant déjà, avant l'annonce. Mon discours était écrit pour amortir la défaite, les raisons bien rangées en piles parfaites au parfum de lavande.

« Bravo, me dit la grosse main tendue à hauteur d'yeux, vous m'avez fait rire. J'aimerais vous voir un de ces prochains jours à la production. » J'ai dû bafouiller ma méfiance dans un « d'accord », car j'ai su plus tard qu'il avait été très surpris par la froideur de ma réponse, ainsi que par la célérité de mon départ. Je n'y croyais pas parce que je n'osais pas y croire…

Mais ensuite le téléphone a sonné. Dans ma famille, on ne connaissait pas Tavernier. Ils le confondaient avec Blier, sans avoir vu les films de l'un ou de l'autre. « Que les valseuses commencent », cela devait être quelque chose comme ça, un des titres attribués à « Tavernierblier », ce monstre à deux têtes.

L'Horloger de Saint-Paul, je l'ai vu à la télé. Noiret et Rochefort sont mes chefs d'atelier préférés, mais les autres films… On appelle le cousin journaliste, et des titres arrivent, des noms qui me disent quelque chose, et puis bien sûr *Le Juge et l'Assassin*, que j'avais travaillé avec Francis Girod au Conservatoire, en classe caméra, et Michel Galabru prouvant qu'il faut bien du talent pour faire rire les gens…

Quelques jours après, Frédéric Bourboulon, son producteur, m'appelle pour convenir d'un rendez-vous avec Bertrand. « C'est une bonne nouvelle ? », me dit-il. Oui, c'en était une, et j'avais honte. C'était donc vrai ! Il avait vraiment aimé ma prestation. Ce n'était pas des paroles de circonstance. Monsieur cinéma voulait me voir.

Il préparait *L. 627*, un film sur les flics, leur quotidien. Et moi je jouais Molière avec des cheveux roux et des dents de lapin ! Cet homme savait donc regarder au-delà de l'apparence d'un rôle. Il pouvait imaginer un comédien derrière le rôle, reconnaître et différencier la composition de l'individu…

« Bonjour, Monsieur. »

« Bonjour bonjour bonjour », répond la voix fluette et enjouée d'un gamin qui se pourlèche les babines au Nutella, son goûter à lui. C'était la toute dernière version du scénario, fraîchement arrivée. Tout en lisant miraculeusement à travers ses lunettes pleines de doigts, il me demande ce que je pense d'une scène qu'il s'empresse de me raconter. Puis, sans vraiment attendre ma réponse, il me dit : « Hein ?… Hein ?… C'est pas mal, hein ? Hein ? »

Je ne comprenais rien. Je n'avais rien lu et ne savais même pas pour quel rôle il voulait me voir, s'il fallait faire des essais ou pas, si d'autres comédiens avaient été contactés… Un film sur les flics, c'est tout. Et me voilà essayant de donner mon avis !

Jusqu'au premier jour de tournage, ce fut ainsi… Jamais sûr de rien. Voulait-il vraiment de moi ? Pourquoi ne signait-on pas de contrat ? Nicolas Silberg, à qui j'avais confié mes premiers émois de cinéma, me le rappelait sans cesse comme dans cette pub contre les antibiotiques :

« T'as pas signé ton contrat ?

– Non.

– Ah, donc ce n'est pas sûr alors ?

– Ben si, puisqu'on fait des lectures.

– Oui, mais tu n'as toujours pas signé ?

– Non… »

Par la suite j'ai fui cet oiseau de mauvais augure.

Je l'ai signé mon contrat, mais bien plus tard, le temps que Bourboulon négocie un prix de gros pour les acteurs novices que Bertrand engageait.

Jouer un flic ! J'étais en fac de psycho sans savoir pourquoi je m'y trouvais lorsqu'une fille très jolie m'avait convaincu de tenter le concours d'inspecteur de police. Le courrier d'inscription était parti, je crois, mais le Conservatoire avait eu raison de mes velléités de gardien de l'ordre. Si cela n'avait pas été le cas, je tournerais sans doute *L. 627* tous les jours, mais sans caméra…

Cette rencontre avec Bertrand et le hasard du sujet me soufflaient à l'oreille que tout est dans tout. Hasard encore : c'est en visionnant la scène du *Juge et l'Assassin* qu'il s'est en partie décidé à me faire confiance…

Les jours passent, le film se prépare, les réunions

et les lectures s'enchaînent. Je découvre mes partenaires : Didier Bezace, Jean-Paul Comart, Nils Tavernier, Charlotte Kady et Jean-Roger Milo, le groupe Stup. Nous rencontrons de vrais flics, deux ou trois jours avec eux dans leurs vrais locaux en préfabriqué, des Algeco provisoires faits pour durer. Je fais aussi la connaissance de Michel Alexandre, l'auteur du scénario, fou de cinéma et d'écriture, qui rendra sa carte de flic après le film.

Nicolas Silberg me questionne toujours perfidement sur l'état d'avancement de mon contrat. J'esquive… Je vais tourner pour de bon.

Un an auparavant, Claude Pinoteau m'avait confié un petit rôle dans *La Neige et le Feu*, un rôle vraiment très court que j'ai trouvé le moyen de raccourcir encore en quittant le tournage pour raison d'État : la Comédie-Française me rappelait à mon devoir, je devais remplacer Thierry Hancisse dans le rôle de Figaro du *Barbier de Séville*. Nous tournions le départ des troupes volontaires pour continuer le combat vers l'Est. J'étais censé les suivre en tant qu'officier. Claude, lorsqu'il a su mon embarras, m'a dit très gentiment :

« Vas-y, le théâtre t'appelle. Figaro, ça ne se rate pas. Je viendrai te voir.

– Et comment tu vas faire pour mon personnage ?

– On dira qu'il a sauté sur une mine en allant pisser pendant une halte. »

Cela donne une idée de l'importance de mon personnage dans le film. Claude Pinoteau est venu me voir, comme promis. J'adore cet homme. Il aime les acteurs. Il les connaît parce qu'il les voit, il voit les films et sort au théâtre… Comme Bertrand.

Donc *L. 627* était une (presque) vraie première fois. J'étais une éponge, un pense-bête, un mouchoir plein de nœuds. J'essayais de comprendre comment les choses se préparaient, et comme tout se préparait en même temps je ne comprenais rien… Je parlais peu, par crainte d'éveiller des soupçons sur mes capacités à tourner un film. Des bribes d'informations me parvenaient sur les lieux de tournage, les dates, etc.

Nous arrivons bientôt à trois jours du tournage. Bertrand nous emmène répéter sur le décor, ça devient concret. Un décor, je connais le mot, tout va bien. Nous arrivons près de la Maison de la Radio. C'est un chantier, avec des bâtiments administratifs désaffectés, de grandes pièces et du matériel de cinéma qui s'entasse un peu partout. Nous allons beaucoup répéter, car de nombreuses scènes se passent dans les fameux Algeco. Il faut y loger une équipe et les acteurs.

Nous entrons dans une pièce où trônent des meubles gris en tôle. Première surprise : de grosses bandes de Scotch délimitent les contours de nos bureaux, visiblement pas finis. Autant le dire tout de suite, je trouvais ça moche, j'étais déçu. Puis, nous répétons, les scènes se cherchent, se trouvent, la fluidité arrive, mais décidément, que ce décor est laid ! À *j* - 2, nous sommes toujours là à répéter. Le décor n'a guère évolué, seuls quelques accessoires nous parviennent. Nous convenons que mon personnage « looping » roulera ses cigarettes et portera des bijoux. *J* - 1 : demain, c'est le premier jour ! Et le décor n'a toujours pas changé. Je n'y tiens plus. Profitant d'un moment de solitude, j'exprime mes doutes à Bertrand, face à cette absence de décor : « Lorsqu'on va tourner, je suppose que la déco va mettre des murs à la place du Scotch par terre ? Non ? »

Il éclate de rire et appelle tout le monde. Visiblement, j'ai dit une énorme connerie. Dans la poilade générale, il m'entraîne dehors, sur le chantier attenant, et là, devant une frénésie de construction, me dit : « Le voilà, le décor ! Là-bas ce n'était qu'un espace trouvé et aménagé pour les répétitions. »

Sur la feuille de service du lendemain, la première de ma vie, la régie, informée de ma cécité par Tavernier, m'a décerné le prix « Alain-Afflelou »… L'équipe était donc au courant qu'il y avait un bleu dans l'affaire, un fraîchement débarqué, un flageolant et tout mouillé, un qu'il faudra prendre par la main par moments…

Premier champ-contrechamp. Tout se passe

très bien. Je donne d'abord la réplique à Charlotte Kady, coincé près de la caméra pour donner le regard. On inverse et voilà que le cyclope à trois pieds se retourne sur moi. Derniers raccords et retouches, et on tourne direct sur le « Phiphi », le « Filou », le « Torr'ton ». Charlotte se coince près de l'engin, toujours pour le regard, et moi, après le signe « Action ! », de me pencher, de sortir du cadre pour mieux voir Charlotte... Consternation de Bertrand, qui ne comprend pas pourquoi je me baisse comme ça !

Et puis il y a ces bananes qu'Alain Choquant, le chef opérateur, me fait manger en me persuadant que je suis toujours dans le champ et qu'il faut absolument être raccord avec le plan précédent où j'ai eu la très mauvaise idée d'en ingurgiter une après un couscous. En fait, je n'étais pas cadré, et tout le monde se marre...

Et des questions toujours, à Bertrand et aux autres, pour comprendre, pour exorciser mes peurs, proposer quoi qu'il arrive, malgré l'urgence. Lui même me l'a dit, je peux donc le dire maintenant : il me trouvait très inquiet, c'est-à-dire, traduction faite, chiant.

Sauf qu'un jour, en tournage dans le métro et profitant d'un de ces moments où même le réalisateur ne peut rien faire pour accélérer le mouvement, j'eus la surprise de peser plus lourd de l'épaule droite, car Bertrand venait d'y déposer son bras gauche : « C'est un bonheur de travailler avec toi, un bonheur ! » Et le bras gauche repartit triturer sa chute de pellicule, mon « Pour moi aussi, tu sais » disparut dans son flanquet de chemise. Mais j'étais tatoué, alors merci Bertrand !

La projection a eu lieu près des « Champs ». Les petits fours prenaient enfin leurs aises sur les plateaux de carton argenté, les bravos, c'est super, s'engouffraient dans les autos. Restaient Bertrand et quelques autres. Nous avions l'air bête de ceux qui ne peuvent plus rien faire, c'était un mardi, veille de sortie en salles. Il n'y avait plus rien à commenter, on s'était tout dit, restait à avoir peur c'est tout. C'est alors que Bertrand vint vers moi et me dit : « Voilà, tu devrais lire *Capitaine Conan*, de Roger Vercel, Livre de poche numéro 9, je pense à toi pour le rôle. Ce n'est pas pour tout de suite, le scénario n'est pas encore prêt, mais on y travaille avec Jean Cosmos. Tu devrais sans doute te muscler un peu les épaules, c'est Depardieu jeune, voilà voilà voilà… »

J'ai acheté le livre au *Bon Marché*, je m'en souviendrai toute ma vie…

* *
*

Mercredi 29 décembre 1993

Beaucoup de choses se sont passées depuis cinq

mois. Nous avons un nouvel administrateur (Jean-Pierre Miquel), Les Coréens *au Vieux-Colombier, rencontre avec Schiaretti et sa troupe d'acteurs de Reims, rencontre avec M. Vinaver, ma nomination au sociétariat, Noël de guerre, toujours et encore en Yougoslavie et du bordel un peu généralisé un peu partout dans le monde. Je viens de recevoir le dernier numéro (9) des cahiers et cela me donne l'idée de tenir ce journal de bord, un contre-cahier, celui de l'acteur et non du dramaturge. Je veux y parler du quotidien de l'acteur, en prenant évidemment mon expérience au jour le jour comme point de départ.*

*Les répétitions d'*Hamlet, *sous la direction de Georges Lavaudant, ont commencé depuis la mi-décembre. Ayant manqué les trois premières lectures, je me sens mal à mon aise en ce début de répétition, comme si je passais plus de temps à courir après la logique et le sens de cette aventure qu'à jouer.*

Je l'ai dit à Lavaudant, il a pris un quart d'heure après une séance de répétition pour m'en parler, mais je crois qu'il n'a pas compris véritablement le sens de ma démarche. Peut-être est-ce de toute façon trop tard pour en parler, comme si ce que j'avais manqué ne pouvait pas être exprimé comme ça, à deux, au coin d'une table et comme si, finalement, il me manquait plus les impressions de ces trois jours de lecture que leur contenu véritable.

C'est possible mais c'est une sensation désagréable. Je me sens pièce rapportée sur ce projet.

À la Comédie-Française, il faut sans cesse se battre pour préserver une identité et une cohésion autour d'un projet.

* *
*

Des années auparavant, je fus perturbé par ma première année de Conservatoire, ayant la pénible impression d'avoir séché la fac pendant un an. Je me sentais déserteur, un an de théâtre, c'était trop pour mon système de valeurs, j'avais atteint les limites de mon côté rebelle. Je voulais absolument justifier l'utilité de cet enseignement. Je voulais pouvoir ramener à la maison des bons points, un mot du directeur, le cahier d'absences, histoire de prouver à Papamaman que j'avais bien travaillé quand même. Du théâtre d'accord, mais j'avais bossé tous les jours.

Hélas, au Conservatoire il n'y avait pas de bulletin indiquant que le fiston avait travaillé dans le bon sens. Il fallait trouver autre chose. Et puis il y eut Claire, une Américaine de Paris, pile dans ma classe. Je la détestais en début d'année : son accent dont elle jouait, ses airs, son appartement trop grand et trop blanc, son côté distributrice de compliments avec plein d'accents circonflexes sur ses voyelles, ses fringues, ses couettes, ses potes, son fric, ses robes chasubles, ses références en tout, sa musique… Elle ne passait jamais de scènes, ou très peu ou très mal, mais elle commentait beaucoup les scènes des autres. Et puis, vous reprenez toutes ces raisons une à une, vous les retournez et voilà que l'on s'embrasse à la fin d'une soirée de juin ! Et pour ces mêmes raisons, j'en tombe amoureux…

Alors, évidemment, ma doctrine eut du plomb dans l'aile. Pour couronner le tout j'ai fait une petite tachycardie en répétant une scène, avant de la « passer » devant Madeleine. Le cœur qui bat trop vite, de l'affolement, j'étais en plein triangle des Bermudes. Plus d'aiguille, plus de références, presque plus de valeurs, un an de théâtre et ça ne va plus, faut tout revoir… Et on m'appelle le Parisien quand je reviens téter une goutte, comme on dit chez nous.

Aussi, en rentrant au bercail je me suis fait un programme pour les vacances, des devoirs puisqu'ils n'en donnaient pas, ces sauvages. Au menu, Shakespeare et du sport. Je me suis levé pendant un mois à 7 heures et, après une rasade de boisson énergétique, direction le parc derrière la mairie, là où il est écrit en bronze la phrase de Jaurès : « Le courage, c'est d'aller à l'idéal et de comprendre le réel. » Je peux dire que j'avais la ferme intention de le comprendre, le réel du théâtre. Après un footing et des pompes, retour à la maison, douche, petit déj, et enfin Shakespeare,assis à la table, le dos bien droit, avec, à côté, l'*Encyclopaedia uni-*

versalis pour bien fermer le sens. Mon père pestait de voir les trous que laissait notre incuriosité dans l'agencement exact des volumes de cette pas-encore-finie-de-payer d'encyclopédie, des volumes rangés pile poil dans le petit meuble en presque vrai bois des îles donné en cadeau pour l'achat de la version luxe.

Je me suis fait *Hamlet*, *Richard III*, *Othello*, *Macbeth*, *Le Roi Lear* et une ou deux autres pièces, en m'arrêtant pour défricher dès qu'il y avait une zone d'ombre. Je travaillais et Claire était bien présente, alors plus de pompes, plus de tours de parc… Au mois d'août, direction Notre-Dame-de-Gravenchon et sa raffinerie pour gagner des sous chez Esso. En principe, mon esprit déviant devait être ainsi remis dans le droit chemin…

À la rentrée suivante, Claire était passée à quelques autres, et moi je ne comprenais toujours pas pourquoi. Je voulais absolument lui montrer que j'étais malheureux. Grâce à elle, je connais Purcell, dans son canapé blanc dans son loft blanc, Purcell, l'*Ode à la reine Marie*, tout ça, merci Claire. Une voiture t'a renversée dans un coin de Paris, sois heureuse et apaisée, toi qui avais aussi peur que moi mais d'une autre façon…

C'était la fin de l'année scolaire, les trois journées de présentation de nos scènes devant un public de professionnels. Les nôtres étaient confidentielles dans la salle Louis-Jouvet du Conservatoire, mais les grands, eux, profitant des travaux du théâtre de l'école, allaient se donner en spectacle au théâtre de l'Athénée Louis-Jouvet. Une splendeur ! Quelle chance ! Non seulement ils sont grands, c'est-à-dire beaux, mais ils ont des « gueules ». Les filles sont plus belles que les nôtres, les mecs picolent plus que nous, ils ont des projets incroyables avec des noms d'auteurs que je ne connais pas. Ils appellent ça des « Ateliers » et ils s'engueulent souvent à cause de ça. Ils traînent des heures chez *Camel* ou dans le hall du Conservatoire à faire des conférences de presse sans presse. Parfois, ils nous donnent des conseils. Ils font semblant d'oublier qu'ils portent des bouts de costumes lorsqu'ils vont dehors. Leurs histoires d'amour sont des drames qui concernent toute l'école. Ces couples qui se font ou se défont alimentent les conversations des plus fascinés d'entre nous. Ils fêtent gras et large, en vrac, leurs premières et leurs dernières, et comme chaque représentation est unique… Plus vite on s'endort au début du cours, plus on se retrouve auréolé du statut d'artiste, la quête du Graal étant Artaud le génie.

Ils monologuent leur alcool dans les chiottes, entre deux voyelles blanches à contretemps du cours de langage de M. Bernardy ; donc, non seulement ils sont tout ça, disais-je, mais en plus ils vont jouer des scènes super dans ce temple du théâtre, chez Jouvet lui-même. Nous, on va se contenter d'essayer de dire Racine en se fixant une barre personnelle : pas plus de quinze pieds par alexandrin, au-delà c'est la honte. Ils étaient forts, il y avait de tout bien sûr, mais ces « troisième année » me faisaient rêver. J'avais décrété une fois pour toutes que Patrick Pineau était mon grand frère de théâtre. Je voulais tout faire comme lui, et d'ailleurs c'est lui qui m'avait dit que Claire en pinçait pour moi…

Nous, les petits, les obscurs, les sans-grade, nous étions cantonnés dans la salle Louis-Jouvet, belle et grande pièce tout en bois, mais bon, ce n'était pas un théâtre. Par la suite, j'ai à plusieurs reprises vérifié le côté tremplin d'une vraie scène de théâtre…

La première fois, c'était lorsque nous préparions le concours avec Bob. Il avait décidé, après mûre réflexion, de répéter les deux dernières séances avant le premier tour sur la scène du théâtre de Oissel, afin d'avoir un espace proche de celui du Conservatoire. Moi, je m'échinais toujours à essayer d'envoyer paître cet enfoiré de Philinte, en faisant en sorte que ça « parvienne » à Bob, ce qui n'était toujours pas le cas. La cause commençait à être entendue, car nous étions à *j* – 6. J'avais beau frimer en disant que c'était pour voir que je me présentais, qu'en cas de plantage je retournerais à la fac, j'avais beau me convaincre qu'après tout inspecteur de police, c'était un super métier, instit aussi, et la pub et la pub alouette… Ah, j'espérais quand même un miracle !

Nous voilà donc dans ce théâtre un peu abandonné, il faut bien le dire, par la ville (enfin à l'époque). Tous les élèves du cours de Bob Villette étaient là, et mes scènes de concours étaient un peu leur récréation. J'étais leur grand à eux, celui qui va monter à Paris. Tout ça en rajoutait dans la pression, d'autant plus que mon copain Dominique Diccecca, ma réplique, commençait sérieusement à souffrir de ces répétitions qui n'aboutissaient pas. En fait, je pense qu'il en avait carrément ras la perruque de me voir ramer dans le parvenir. Il devait regretter son service de réanimation à l'hôpital Charles-Nicolle. Au moins avec ses patients, il y avait une lueur d'espoir.

Le moment fatidique est arrivé. Bob me rappelle qu'il faut que cela lui « parvienne ». Oui je sais ! Je m'en retourne en coulisse. Dominique attend que je me décide à rentrer en Alceste avant de me suivre en Philinte.

* *
*

En France on dit : « J'entre » lorsqu'on va sur scène. Dans la tradition de la commedia dell'arte, on dit : « Je sors. »

Je préfère sortir, à tout point de vue, sortir de soi, du monde, pour en gagner un autre.

C'est le plein air, c'est dehors, c'est mieux.

* *
*

J'y vais et c'est parti ! Sauf que là, contrairement à l'habitude, Bob ne me laisse pas finir, et, sur un ton un peu sec, me demande de recommencer. Sidéré, j'obtempère.

« Qu'est-ce donc, qu'avez-vous ?

– Laissez-moi, je vous prie ! » Et de nouveau il m'interrompt. « Recommence ! », me dit-il, toujours un peu ferme.

« Caisse donc cavévous ? (Philinte en avait un peu marre !)

– Laissez-moi, je vous prie.

– Ce n'est pas ça ! Recommence !

– Kecedoncavévou ?

– Laissez-moi, je vous prie. »

Et ce petit manège recommença sept fois de suite. Dominique envisageait maintenant sérieusement de piquer un peu de curare à l'hôpital pour moi. Certains élèves se découvraient une envie subite d'aller au cinéma ou de rendre visite à leurs grands-parents.

En coulisse, désespéré, chancelant sur ces putains de bottes camarguaises à la mode en ce temps-là, des Go West, je me dis que, pour jouer Alceste, c'est mieux que les Tan Smith Adidas. Comme quoi, j'avais profondément réfléchi au personnage – peu de metteurs en scène depuis ont repris, me semble-t-il, cet axe de réflexion sur *Le Misanthrope* et c'est regrettable. Je me décide donc à enlever ces bottes pour rechausser mes tennis, tout en agitant les mains de part et d'autre de ma tête en ajoutant cette réflexion qui fait réellement avancer le débat : « Mais merde, mais merde, mais merde… » Tout en rage et en impuissance, Dominique, à bout de patience, d'arguments et de clopes, me dit :

« Bon, on y va ?

– Mais pourquoi il m'arrête tout le temps Bob, il ne l'a jamais fait.

– Ch'aipasbonhonyva ? (Je vous le disais qu'il était à bout d'arguments.)

– Mais merde, mais merde… »

Et j'entre en scène dans cet état-là. Et là, miracle, je parviens à terminer ma première réplique, puis la deuxième et la troisième. Bref, on joue la scène sans que Bob n'intervienne et sans que mes chevilles ne se tordent. À la fin de la scène, Bob nous rejoint et me dit que, d'après lui, d'après ce qu'il sait du concours pour avoir formé cette fameuse Agnès Dewitt, et d'après de ce qu'il vient de voir, il pense donc que, à condition que je refasse lundi prochain à Paris ce que je viens de faire à cet instant, normalement, je dois avoir le niveau pour passer le premier tour.

J'étais interdit. Heureux mais interdit, car, en fait, Bob était content. Mais de quoi ? Qu'est-ce qui avait changé ? Pourquoi, cette fois-ci, c'était mieux que les autres fois ? C'est vrai que, en y réfléchissant, le texte était « sorti » plus naturellement, avec le sentiment que la scène avait duré moins longtemps. J'étais moins en regard sur moi-même au moment de jouer, de dire les phrases. Mais comment refaire ça ? Car il fallait le refaire, une dernière fois, à la répétition de vendredi, dans cette même salle, et surtout lundi en *live*.

T'as compris, me dit Bob. Je crois avoir répondu oui pour lui faire plaisir, mais honnêtement je n'étais sûr de rien. L'état dans lequel j'étais avant d'entrer sur le plateau devait y être pour quelque chose. À la répétition du vendredi j'ai donc rechaussé mes tennis Adidas, et je me suis monté le bourrichon en coulisse en psalmodiant des « mais merde » en boucle sur un ton de désarroi et de saine colère. Je me disais que les mêmes causes engendreraient sûrement les mêmes phénomènes.

Ça a marché, mais j'ai eu du bol, car ce qui est vrai en physique ne l'est pas forcément au théâtre. Ici, c'était plutôt « quand le sage montre la lune du doigt, l'imbécile regarde le doigt ». Le vendredi, la scène fut un peu moins réussie que le mardi où le divin enfant est né, mais Bob réitéra son avis : « Si tu refais ça comme ça, ça doit passer. »

On était passé d'une salle de classe éclairée au néon à un théâtre, un vrai. Je ne sais pas si cela a agi directement sur moi, mais un beau plateau oblige à savoir un peu plus pourquoi on est là. C'est un outil, cela grandit les qualités comme les défauts, ça sert à quelque chose, comme les truelles de mon père sont faites pour travailler le ciment, pas jouer au bac à sable comme nous le faisions enfants… Pourquoi suis-je là, sur cette scène en hauteur par rapport aux autres ? D'accord, il y a ce concours, mais bon, après ? Que représentent pour moi une scène ou un plateau ? Bien sûr, les âmes de ceux qui y ont joué, l'esprit des représentations qui s'y sont déroulées. Mais surtout ce plateau ou cette scène ont été conçus pour qu'on y monte, tout simplement. On y monte pour parler, comme dans les films sur les grèves. Il y en a toujours un pour monter sur une table. Voilà ce que signifie un théâtre, pour nous autres humains.

Le lundi du premier tour, avec Dominique, pas mécontent d'en découdre pour de vrai, avec mes sandwichs au théâtre préparés par Bob et Agnès, les poches pleines de bonnes petites raisons toutes blanches que j'avais ramassées dans nos jardinets de renoncements et semées derrière moi pour retrouver mon chemin après l'échec, muni d'un chronomètre pour comptabiliser le temps moyen de chaque candidat avant moi (quatre minutes et demie entre l'entrée et la sortie), un double nœud à mes tennis reblanchies pour la circonstance et une copie double dans la tête pleine de « mais merde », outré et impuissant, j'étais prêt.

Et puis c'est à moi ! Bonjour ! Tiens, je le connais celui-là, ah oui, c'est un acteur que j'ai vu à la télé. Et l'autre à côté, il me dit aussi quelque chose.

« Philippe Torreton, vous avez préparé Jean de *Mademoiselle Julie*, *Un jubilé*, de Tchekhov, *Les Fourberies de Scapin*, et Alceste du *Misanthrope* ?

– Oui, c'est ça…

– Eh bien, allons-y pour Strindberg et *Les Fourberies de Scapin*.

Le président du jury, derrière ses grosses lunettes, m'a lancé cette phrase avec une espèce de politesse très étudiée. Y veut pas voir Alceste, merde alors, pensai-je… Je m'étais préparé pour une guerre qui n'aura pas lieu. Du coup, ces deux scènes sont passées comme deux lettres à la poste…

* *
*

Quelques années plus tard, même combat, même doute ; en face, cette fois, non pas Alceste mais une poignée de potes. Nous préparions *Capi-*

taine Conan, il fallait marcher au pas en colonne par deux et j'étais leur chef. Je devais donc me faire obéir et c'était bien cela le problème ; notre instructeur n'arrêtait pas de me conseiller avec de moins en moins de mots des phrases qu'il fallait gueuler un bon coup… – Et puis, sois en rythme dans tes « un deux, un deux… » Le jour déclinait, mes camarades faisaient les cons parce que c'est dur pour l'orgueil de marcher au pas ; je désespérais, j'allais jouer Conan et je n'avais pas l'autorité pour… Et puis je ne sais pas quel fut le catalyseur, un pet de trop dans ma bande de comiques, un « poil aux dents » de trop après un « à mon commandement », toujours est-il que j'ai explosé d'un coup sans prévenir et je leur ai dit que cela suffisait que j'avais rien à foutre de cette séquence, que Bertrand pouvait la couper au montage, que j'avais le rôle principal et que je n'étais pas à une séquence près, ce qui n'était pas leur cas alors « maintenant, section à mon commandement garde à vous demi-tour droite en avant marche un deux, un deux… » Et comme par hasard je fus en rythme… Et la scène est dans le film. Une partie de Conan était cachée en face de mes camarades en ce jour d'entraînement… Comme Alceste en son temps.

* *
*

Je ne suis pas sûr que le moteur principal de l'acteur soit la générosité. Ce mot galvaudé est surexploité en interview, il sert souvent de bouche-trou lorsqu'on ne sait plus quoi dire. Lorsqu'on rend hommage à quelqu'un, on se croit toujours obligé de préciser que l'honoré de service fut, ou est encore, généreux. Ce mot vient comme une excuse vis-à-vis de ce métier finalement pas si bien considéré que cela, encore aujourd'hui. Il était acteur, oui, mais il était généreux. Moi, je pense au contraire qu'un acteur généreux se trompe de métier. La générosité, c'est un peu le cambouis de ce métier (on ne devient pas garagiste pour en avoir sur les mains, c'est une conséquence, pas une condition nécessaire et suffisante, comme on dit en mathématique). Il faut d'abord jouer pour soi, pour des tonnes de raisons qui font du bien sous nos draps d'adolescents, des raisons de vitres et de glaces de magasins, des raisons de meurtres dans des jardins normands... Vous vous rendez compte, je fais du théâtre parce que je n'ose pas tuer quelqu'un. Je fais du théâtre pour prolonger mes rêves érotiques, parce que j'étais nul en foot et qu'il faut bien se distinguer dans ces cours de récréation où tombent les plus faibles, pour fayoter. Comme un mouton de cellule, je viens trahir les miens. Je fais du théâtre en attendant d'avoir un bateau, pour multiplier les chances de mourir en public, parce que je n'ai pas le courage de vivre seul, pour faire l'intéressant. Je ne pense pas que le garagiste du début rêvait de dépanner les gens, il était surtout amoureux des bagnoles et de la mécanique.

Pour moi, « penser aux gens » vient après. En se faisant comprendre, entendre et voir, qu'ils osent venir sans crainte, en pensant que cet endroit est aussi fait pour eux et peut-être même d'abord… Non, Papamaman, il ne faut pas « s'habiller » pour aller à la Comédie-Française. Il ne faut pas non plus fouiller son vieux cartable à la recherche d'infos sur l'auteur en question. S'il a du talent, on devrait encore comprendre, et si ce n'est pas le cas c'est peut-être aussi de la faute de ceux qui ont leur nom sur le programme.

Ils pensaient réinventer Molière ou le relire, et vous, vous n'avez fait que le lire. Je fais du théâtre pour lire ensemble, je fais du théâtre parce qu'on pense en sortant de l'école que Molière est chiant, je fais du théâtre parce que je n'aime pas ce genre d'injustice, pas seulement vis-à-vis des auteurs mais surtout vis-à-vis des hommes et des femmes qui pensent effectivement cela. Quel drame, quelle faillite ! Et, en regard de cette épidémie d'ignorance, il y a celle, encore plus dévastatrice, de ceux qui pensent savoir ; ceux qui ont lu avec leur maigre bagage en bandoulière, qui ne font pas confiance au génie qu'ils ont en face de leurs paupières mi-closes, ni même en leur propre faculté de découvertes ; ceux qui n'ont pas eu la sagacité de sécher les cours de littérature comparée et lisent dorénavant comme on récite une leçon. Alors ceux-là, s'ils mettent en scène, ils vont vous raconter ce qu'ils pensent d'une œuvre et non l'œuvre elle-même. Et là, les dégâts sont terribles…

C'est ainsi que l'on se retrouve à jouer *Les Fourberies de Scapin* à la Comédie-Française – la maison de… ? … ? de… ? Molière bien sûr –, à expliquer que non, ce n'est pas une pièce de jeunesse, mais au contraire une œuvre de maturité. Mais comme il s'agit d'une pièce comique avec des éléments de farce, et que nous sommes en France, et qu'il y aura toujours un côté « ceux qui font rire "font les cons" », du coup il n'est pas possible d'imaginer que cette pièce puisse avoir été écrite par un auteur confirmé, ayant pignon sur rue et subventions du roi en poche. Eh bien si ! Et cette fausse réputation de gaudriole préacnéique nous vaudra une kyrielle de mises en scène approximatives dans leur côté farce…

Une autre fois, j'ai été coincé dans un couloir par un sociétaire qui voulait absolument me donner son avis sur le *Tartuffe* que je jouais, alors que je m'en foutais de son avis à un point qui lui aurait donné une idée assez précise de l'infini (merci Fernand Raynaud !). Or, ne voilà-t-il pas qu'il m'explique son manque d'entrain pour le spectacle parce que Tartuffe est amoureux d'Elmire et que c'est comme ça qu'il faut le jouer et pas autrement, c'est-à-dire le contraire de ce qu'on avait fait avec Dominique Pitoiset, le metteur en scène, mais bon… Je lui demande non sans une certaine délectation où est-ce qu'il voit dans la pièce des répliques qui lui font penser que Tartuffe est raide dingue d'Elmire. Évidemment, il ne les a pas en tête, comme ça, au débotté, mais il en est sûr. Je vois qu'il commence un tantinet à s'énerver et, croyant l'aider, je lui cite des répliques qui auraient pu corroborer son point de vue. Reénervement. Car elles ne sont pas concluantes. Normal, le titre c'est *Le Tartuffe ou l'Imposteur*, pas « l'Amoureux ». L'amoureux, c'est le « misanthrope », ou « l'atrabilaire amoureux » pour être précis. Ce qui est pratique avec Molière, c'est qu'il a fait des titres et des sous-titres explicites au cas où certains ne comprendraient pas de quoi il retourne.

* *
*

Essayer de ne pas savoir, c'est sans doute une des choses les plus difficiles, me semble-t-il, dans ce métier. Le comédien, s'il ne fait pas attention, peut être amené à penser qu'il sait beaucoup de choses. Nous sommes amenés à lire et aussi à rencontrer des gens passionnants. On s'exerce pour des rôles, on papillonne, les articles, préfaces, commentaires, critiques, annotations, glossaires, dictionnaires et autres prolégomènes, toute cette intelligence par procuration est utile, bien sûr. Il n'empêche ! Comme on le fait parfois avec les magazines et leurs pages de publicité, j'ai envie, lorsque je découvre une œuvre théâtrale, d'en arracher toutes ces pages de notes, pour ne garder que l'œuvre elle-même, brute et magnifique, avec ses mots compliqués, ses tournures d'un autre âge, que de toute façon j'irai ensuite me faire expliquer, mais pas maintenant. D'abord, lire comme on peut, sans que quelqu'un vous tienne par la main, vous donne à penser comme on donne du foin aux bêtes... Et si ça vous tombe un peu des mains, ce n'est pas grave, vous y retournez un autre jour, en des circonstances plus favorables. Et si ça ne vient toujours pas, libre à vous d'abandonner. Cela veut dire que ce n'est pas le moment. On n'est pas débile pour autant.

Je me souviendrai longtemps de mon prof de français, celui qui nous avait fait découvrir le théâtre pourtant, M. Désir. J'étais en cinquième ou en quatrième, j'avais donc douze ou treize ans. Il voulait faire un sondage sur nos lectures du moment. Lorsque mon tour arrive, je lui parle d'un livre, *L'homme qui revenait de loin*, dans la collection Bibliothèque verte. Je l'adore, lui dis-je, au point de le lire lentement pour ne pas le finir trop vite. Et lui de me répondre qu'à mon âge je devrais lire autre chose que des livres pour enfants. La honte ! Ma voisine avait tout bon, elle avait cité *Notre-Dame de Paris*, de Victor Hugo, elle était dans le rang, comme dans le manuel, zéro faute… Depuis, je n'aime pas trop Hugo. J'ai essayé de le lire après ma littérature pour morveux, mais je ne comprenais rien, trop de mots, trop de phrases, tu termines une phrase en ayant cette sensation pénible d'être passé à un autre livre en cours de route, il va falloir se la rencogner depuis le début et, à ce rythme, je risque de ne pas l'avoir finie pour le tricentenaire de sa mort. Heureusement que le traitement de texte n'existait pas à son époque, car on en serait encore aujourd'hui à découvrir des pans entiers de son œuvre…

Plus tard, au Conservatoire, dans la classe de langage animée par Michel Bernardy, nous devions nous intéresser à Pascal et à Valéry. Le but de la manœuvre était de nous apprendre à bien dire la poésie. Déjà, rien que le fait d'écrire ce que je viens d'écrire me colle une espèce de prurit ! Mais continuons. Il nous était donc vivement conseillé d'apprendre par cœur deux ou trois textes de ces messieurs, et de se dévouer, un mardi après-midi, pour faire semblant d'avoir tout compris devant cet homme qui avait choisi de fuir la vie pour interpréter les poètes. M. Bernardy avait travaillé à la Comédie-Française sans y laisser de traces particulières. À l'entendre, la poésie semblait une science où l'arithmétique se mêle à l'inspiration, où la statistique sert de décodeur et où l'on croit trouver le sens des mots dans le son qu'ils produisent. Cet homme a passé une grande partie de son temps libre, c'est-à-dire sa vie, à recenser tous les phonèmes dans l'œuvre des poètes, afin d'y établir une fréquence d'utilisation par son et par poète, travail colossal dont, aujourd'hui encore, je n'arrive pas à saisir le sens profond et surtout l'utilité, mais après tout certains passent des heures à refaire Notre-Dame en allumettes… Bernardy était persuadé que, grâce à ce travail, il était en mesure d'expliquer à chacun d'entre nous comment on doit dire les textes de nos si savants poètes. Jusqu'alors, seuls quelques maîtres intuitivement éclairés savaient transmettre l'art oratoire, mais maintenant, on avait Michel Bernardy et sa liste de phonèmes. Une équation pouvait tout résumer : protase, acmé, apodose !

Si je m'énerve un peu, c'est que tous ces gens, pacifiques au demeurant, reconnaissons-le, sont des dresseurs de barrières, des poseurs de frontières, des installateurs de plots, des dérouleurs de cordons de sécurité, entre le jeune acteur et l'auteur. Quelle que soit l'alchimie secrète à l'origine d'un chef-d'œuvre, il y a d'abord et avant tout le sens. Qu'est-ce qu'il a voulu nous dire, nous transmettre ? Jouons le sens, pas les mots, et si les mots sont jolis et sonnent bien, tant mieux !

Je me souviendrai longtemps de Daniel Mesguich m'expliquant pourquoi le son du mot désert signifiait le désert, faisait penser au désert. C'est vrai qu'on l'avait échappé belle, il aurait pu nous évoquer autre chose ce con de mot-là, une table par exemple. Mais là, stop ! On vous expliquera que non, justement. On vous dira que le mot table ne peut faire penser qu'à la table, que les sons de ce mot simple sont droits et forts comme des pieds (de table, forcément !), qu'il y a de la stabilité dans les sonorités qui le composent, voire une certaine convivialité dans la dernière syllabe qui vient, telle une nappe, adoucir cette rigueur fonctionnelle du phonème « ta »...

Et sois naturel, après cela !

C'est comme ces cours de respiration et de phonation. On reconnaît les élèves qui en sortent par leur façon absolument pas naturelle de vous adresser la parole, une voix étrange venue d'ailleurs (et vous, vous devez convaincre un monde incrédule que le cauchemar a déjà commencé), une voix épuisante de gens sûrs d'eux et sourdingues, car ils ne s'entendent pas braire leur banalité quotidienne. Lorsqu'on additionne tous ces cours on peut se demander comment on faisait pour vivre sans eux – après tout, en effet, c'est le lot de la plupart de nos contemporains de ne pas être inscrits au Conservatoire. Et pourtant les gens s'énervent, chantent, appellent les p'tits qui jouent au fond de la cour..., bref, ils se font comprendre malgré tout. Ils ont des voix blanches, fortes, voilées, enrouées par la nicotine, aiguës, accentuées ; et, lorsque nécessité fait loi, ces voix se donnent les moyens nécessaires, même les timides se fâchent et Paris doit bien se tenir ! La vue s'accommode, l'oreille se tend, nos sens bougent et s'adaptent à notre environnement, sans autre professeur que le frottement avec la vie. C'est ce même frottement avec le texte qui va faire jaillir « un » sens, pas forcément « le » sens.

Cette compréhension personnelle, et donc faillible, de l'œuvre est le terreau de la sincérité, il s'agit de comprendre par soi-même, intimement. Au fond, je hais les préfaces et les notes en bas de page, ces indicateurs d'ignorance, ces mises à l'écart. Quand je ne sais pas, je lève la main vers un professeur ou vers un livre. Il faut qu'il y ait démarche, chemin pour apprendre. Si on vit dans un monde ou tout est prémâché, alors plus besoin de nos dents !

* *
*

Un jour d'investissement républicain, j'avais été voir notre ministre à vie, Jack Lang. Il s'occupait de l'Éducation nationale et, grâce à l'intervention d'un ami, j'avais obtenu un rendez-vous de trente minutes dans les salons du ministère. J'avais trois choses à lui soumettre. Erreur fatale ! il ne faut jamais aller voir un ministre avec trois choses à lui dire, ni même deux, mais une et si possible courte, concise. Enfin bref, mes trois résolutions pour un monde meilleur étaient les suivantes :

– rendre obligatoire une heure de théâtre, ou plus exactement de prise de parole, dans les grandes classes de primaire, là où la lecture commence à devenir courante. Mon projet s'appelait « Comme si c'était moi ». Comme le titre l'indique, il s'agissait de faire choisir à l'enfant un texte court (trois ou quatre lignes au grand maximum), choisi parmi la littérature mondiale triée par thèmes simples (amour, nature, racisme, guerre, vacances, animaux, sport, etc.), de l'apprendre par cœur et de le dire, pas de le réciter, mais de le dire comme si c'était l'enfant même qui parlait. Ensuite, il s'agissait de réfléchir ensemble à cette notion de prise de parole consistant à ramener à soi des mots qui ne le sont pas forcément, car si on ne les pas écrits, ces mots nous parlent néanmoins. La littérature, c'est de la parole mais pas en l'air, c'est à moi, c'est une chance, il existe quelque part un texte, un poème, une pièce qui est l'exact pendant de ce que je ressens confusément au fond de moi ;

– l'autre projet, c'était de faire publier une collection d'œuvres enseignées à l'école, mais sans commentaires, notes et autres tableaux généalogiques, non, juste l'œuvre dans sa pureté ; le titre et le nom de l'auteur sur la couverture, on ouvre et hop ! le texte commence. Et puis, si on ne comprend pas un mot disparu ou une expression vieillotte, alors les profs, les parents, les dictionnaires, l'ordinateur, les copains sont là pour ça. Il y aura eu *démarche*, donc pointage du doigt de ce que je n'ai pas compris et, du coup, meilleure assimilation ;

– ma troisième idée, c'était d'organiser une lecture marathon de tout l'œuvre romanesque de Victor Hugo, en partant par exemple de Besançon avec la plus jeune personne sachant lire ou avec le descendant le plus direct du poète, et en allant ensuite partout sans interruption, dans les écoles, les usines, les prisons, les ports de pêche, les casernes, les hôpitaux… Et cela, pendant des jours et des jours. Toute une nation qui se mobilise pour lire. On pouvait même imaginer que cette lecture, après des semaines et des semaines de voyage, se termine à l'Assemblée nationale avec la dernière phrase du dernier roman qui serait lue par le président de la République ou le Premier ministre.

Jack Lang a tout écouté attentivement et il m'a dit en souriant : « Prenez le pouvoir ! »

Je ne venais pas pour un putsch, mais pour un coup de pouce.

Fin de la parenthèse ministérielle. Et pourquoi je racontais ça, au fait ? Ah oui, rapport aux préfaces et autres barbouillages sur les classiques.

* *
*

Mais non il ne viendra pas, me disaient mes camarades sociétaires qui l'avaient presque connu lorsqu'il était encore à la Comédie-Française. Il n'est jamais revenu de toute façon, mais moi je voulais le voir ; je voulais briser le tabou, la vitre qui me séparait de ces souvenirs reliques qui ne m'appartenaient pas et que la tradition orale m'avait distillés dans chaque oreille, à chaque fois que mes rôles avaient été estampillés « Hirsch », telle une empreinte au fer rouge sur la croupe d'un bovin. Et ils savaient y faire, mes petits camarades, pour entretenir la légende du grand monsieur. « Ah tiens, tu vas jouer *Tartuffe* ! Oh, Robert était tellement… pffff… c'était, oh là là là là… les gens debout… et lui en nage… Ah, dis donc, j'ai appris que tu allais jouer Scapin, tu étais trop jeune pour voir Robert, dommage, tu aurais vu, c'était tellement… pffff… c'était, oh là là là là… les gens debout… et lui en nage… Tiens, c'est toi qui vas jouer Arlequin de *La Double Inconstance ?* C'est dommage qu'il n'y ait pas de film de ça, lorsque Robert l'a joué. C'était tellement…

pffff… c'était oh là là là là… les gens debout… et lui en nage… »

Je vous ferai grâce des commentaires au cours des répétitions sur ce que faisait Robert, y compris de la part de comédiens qui devaient avoir six ans et demi lorsqu'il jouait encore dans la maison !

Un jour, heureux de l'aventure scapinesque qui venait de démarrer avec tambours et avec trompettes, je décidai de prendre un stylo pour dire au monsieur tout le « mal » que je pensais de lui et que, malgré les commentaires pertinents de mes partenaires, j'avais une énorme admiration à lui communiquer et que le mieux serait peut-être de se voir à l'occasion d'une représentation des *Fourberies de Scapin.* Quelques jours plus tard, il téléphone à la maison (je n'étais pas là), pour dire que bien sûr il viendrait et même avec plaisir. Et d'ajouter à l'oreille d'Anne-Marie que ma lettre l'avait beaucoup touché.

Quelques jours plus tard j'avais mon maître (non, je blague, je n'en ai toujours pas !) au téléphone. Pour être bien sûr que tout cela n'était pas une méprise, je lui demande pourquoi il viendrait voir mon spectacle alors qu'il n'a jamais remis les pieds au Théâtre-Français. La réponse fut brève : « Mais parce que personne ne m'a invité comme vous. » Vous avez entendu ? Vous, les prompts à dégainer le respect de la troupe, les bourrés d'éthique, les mainteneurs d'Églises, vous ne l'avez pas invité votre camarade à vous. Moi, ce n'était pas le mien, je lui envoie une bafouille, ça lui fait plaisir et il vient !

L'annonce de la venue du pape provoque des tas de réactions ; d'affolement pour les uns (« On fait un pot ? »), de fierté pour les autres (« C'est très beau ce que tu as fais là, Philippe ! »). Et cela venait des mêmes qui me reprochaient mon attitude prétendument antitroupe lorsque j'avais quelques soucis d'entente avec un comédien qui essayait de jouer *Hamlet* deux ans auparavant ! Les formules d'accueil ont finalement été fourbies dans les loges. Avec le metteur en scène, nous avons décidé de prendre en charge le pot de bienvenue. C'était notre invité, après tout.

20 h 30. Le spectacle commence en ce 27 décembre 1997, le rideau se lève sur *Les Fourberies de Scapin*, et pour moi, pardon Molière, mais celui qui a créé le rôle est dans la salle !

Première réplique de Scapin et premier trou : « Qu'est-ce, seigneur Octave ? Qu'avez-vous ? [... trou...] Quel désordre est-ce là ? [... et les mots m'arrivent, telle une évidence...] Je vous vois tout troublé. » Fin de la réplique.

Oui, j'étais troublé par votre présence, cher Robert. Vous ne pouvez pas savoir ce qu'elle signifiait pour moi dans ce métier de saisons, une preuve après l'intuition. Je me souviens que nous nous sommes serrés dans les bras et que vous m'avez dit : « Qu'est-ce que j'aurais aimé jouer ce Scapin-là ! »

Il n'y a pas de mode lorsqu'on cherche le sens des mots, pas d'époque, juste des comédiens qui arrivent tôt au théâtre, qui se disent et se redisent les mots dans leur loge, des envies de rester, de dormir là, puisqu'on y joue le lendemain, des allers-retours aux toilettes qui s'intensifient au fur et à mesure que l'on se rapproche du lever de rideau, des non-envies de faire du tourisme lorsqu'on est en tournée, des surenvies de prolonger la nuit parce qu'elle vient après le spectacle, tout simplement, et qu'après tout est vivable.

Nous en étions là vers 4 heures du matin, cher Robert, lorsque vous vous êtes levé de votre chaise en vous excusant de rentrer déjà. Toute la distribution était sous le charme ; le restaurant *La Poule au Pot* avait encore deux heures devant lui avant de prier la fourberie d'aller se coucher. *Richard III* ! Quitte à jouer les mêmes rôles que lui, autant y aller à fond. On venait d'en parler. Quel curieux mélange, cet homme ! Cette sublime énergie totalement maîtrisée, ce maniérisme, ce choc d'instinct et de tradition, deux mesures d'instinct pour une mesure de tradition, une flamme et boum ! ça donne de l'eau… Il était en nage, Robert ! Robert, c'est la rigueur de la danse appliquée au théâtre, des heures et des heures passées à la barre pour assouplir, échauffer, entretenir les muscles de l'art dramatique.

Et puis Robert est aussi un grand seigneur. Lorsque nous avons quitté le restaurant, nous avons réalisé, penauds, que nous avions été ses invités !

Alors, merci pour tout, Monsieur !

* *
*

Juin ou juillet 1998

Voilà bientôt neuf ans que je suis ici, dans cette grande maison. Neuf ans, presque dix donc, fin de mon premier contrat. Un contrat de dix ans à l'époque. C'était toute ma vie, maintenant c'en est une partie.

Qu'est-ce qu'on fait ? On se casse ?

Je pense que oui.

D'abord, il faut aller voir ailleurs, vers d'autres lieux de théâtre, vers la différence. Je voudrais connaître le théâtre privé, le « tous les soirs », se dire à mardi après la matinée du dimanche. Et puis, j'aimerais envisager des projets, susciter, être à l'origine. J'en ai assez de dépendre de l'imagination de ronds-de-cuir version artistes, car il y a des ronds-de-cuir partout.

J'aime l'idée que mon salaire dépende du succès des spectacles, mais en plein accord avec ma sensibilité et mon goût.

J'assume de moins en moins le fait de dépendre du goût de certains sociétaires en quête de pouvoir et de reconnaissance, des satellites perpétuels de l'adminis-

trateur, qui, lui, a choisi délibérément de gouverner avec eux... Je pense très sincèrement que, si avenir il y a pour moi dans cette maison, je devrai le payer au prix fort, en combattant pour l'intégrité de mon territoire chaque jour, pour imposer une idée, un metteur en scène ou simplement le fait que j'ai envie de jouer... Les Fourberies de Scapin *sont un triomphe depuis plus de six mois et l'administrateur ne m'a toujours pas fait part de projets à mon endroit.*

J'estime ne pas avoir à prouver que j'aime ce métier et cette maison. Le vrai combat est sur le plateau (si tant est que cette métaphore guerrière soit juste), avec sa trouille, son texte, son idéal qui fait avancer...

C'est la bonne fatigue, celle que j'aime, rentrer le soir ou en pleine nuit et revisiter son rôle dans l'ascenseur, dans la salle de bains, aux toilettes et jusqu'au lit.

Je ne veux pas de l'autre fatigue, la mauvaise, celle qui fait mourir plus vite.

Quelques mois plus tard

Depuis mercredi dernier, c'est-à-dire le 2 décembre 1998, l'administrateur a dans ses mains ma lettre de démission. Deux pages pour dire, sans haine mais clairement, que « ça y est » !

Maintenant, j'en ai marre, la lassitude me gagne, comme on dit.

Il y a des visages que je ne veux plus croiser. Des visages associés à des mots et à des comportements, et une telle insuffisance humaine.

Pour l'instant, pas de réactions négatives. Je mets de côté la remarque d'un lèche-cul de service qui ne voulait pas entendre parler de Miquel lorsqu'il a été nommé (contrairement à moi), et qui, depuis, semble avoir changé d'indignation. Il a qualifié ma lettre d'impudente, terme d'un autre âge, comme lui.

Lundi 8 février

Toujours pas de réponse officielle de l'administrateur. Il a répondu aux articles de presse, mais pas à ma lettre interne et discrète… Il a fallu que je m'énerve dans Télérama, *dans* Le Monde *et* Le Figaro *pour qu'il daigne me répondre et prendre acte…*

* *
*

J'avais entendu le téléphone sitôt que la porte d'entrée du logement de fonction de l'école Charles-Perrault, rue Neil-Armstrong, avait été ouverte. C'était un gros téléphone gris à cadran, qui trônait sur la table de nuit de ma mère. Pas besoin de filtrage d'appels ou de codes d'accès, comme on le fait maintenant, pour empêcher les mômes de téléphoner. Une bonne table de nuit, et allez après ça donner un coup de téléphone amoureux vers 23 h 30 ! Car, même en tirant le fil, j'arrivais au mieux à dire je t'aime depuis les cabinets, mais sans pouvoir fermer la porte, et avec cette vague odeur de crottes derrière un sapin, car le déodorant était souvent au pin des Landes… De plus, son gros fil, gris lui aussi, ne permettait pas de fermer la porte de la chambre parentale. Il fallait donc savamment doser sa voix pour ne pas éveiller l'ouïe fine de ma mère tout en passant quand même au-dessus des trémolos nocturnes de mon père, car qui n'a pas entendu mon père ronfler… La comparaison ne venant pas, je reprends ce début de phrase et je l'adresse à la terre entière : qui n'a pas entendu mon père ronfler ?

Ma mère décroche : « Oui, oui, non, pas du tout, je vous le passe. Philippe, c'est pour toi », ajoute-t-elle avec cette voix de rassembleuse de mioches sous les préaux. Je venais d'allumer la télé – c'est un réflexe chez moi –, après avoir déchargé la voiture, on y passait un reportage sur Brialy, une interview sur un quai. Alors, direction le dessus-de-lit des parents pour répondre à la demande. C'était Loriquet qui fulminait : « T'es où ? T'es con de disparaître sans laisser de téléphone ! Tu dois rappeler Mesguich, c'est urgent, et la Comédie-Française aussi, pour prendre rendez-vous avec Antoine Vitez… »

« Bonjour, installez-vous… Eh bien, vos professeurs vous aiment beaucoup, vos “états de service” sont excellents. Je voulais savoir, au cas où la Comédie-Française devait engager quelqu’un, si cela vous plairait. Mais je dois vous avouer que je ne vous connais pas…

– Moi non plus… Mais oui, cela me plairait énormément, monsieur ! »

DU MÊME AUTEUR

Petit Lexique amoureux du théâtre
Stock, 2009
et « Le Livre de poche », n° 32138

Mémé
L'Iconoclaste, 2014

Cher François
Lettres ouvertes à toi, Président
Flammarion, 2015

RÉALISATION : CURSIVES, À PARIS
IMPRESSION : CPI BRODARD ET TAUPIN À LA FLÈCHE
DÉPÔT LÉGAL : NOVEMBRE 2015. N° 129078 (3012311)
IMPRIMÉ EN FRANCE

Éditions Points

DERNIERS TITRES PARUS

P4158. Ne meurs pas sans moi, *Suzanne Stock*
P4159. Une main encombrante, *Henning Mankell*
P4160. Un été avec Kim Novak, *Håkan Nesser*
P4161. Le Sourire de l'ange, *Émilie Frèche*
P4162. Cher époux, *Joyce Carol Oates*
P4163. Minus, lapsus et mordicus. Nous parlons tous latin sans le savoir, *Henriette Walter*
P4164. Brèves de bulletins scolaires
P4165. Et rien d'autre, *James Salter*
P4166. Cassada, *James Salter*
P4167. Un truc très beau qui contient tout, *Neal Cassady*
P4168. D'un monde à l'autre. Autisme, le combat d'une mère *Olivia Cattan*
P4169. Je n'ai plus peur, *Jean-Claude Guillebaud*
P4170. Poèmes épars, *Rainer Maria Rilke*
P4171. Le Détroit du Loup, *Olivier Truc*
P4172. Dandy, *Richard Krawiec*
P4173. Jacob, Jacob, *Valérie Zenatti*
P4174. La Vie amoureuse de Nathaniel P., *Adelle Waldman*
P4175. Suzon, *Louise Bachellerie*
P4176. La Maîtresse du commandant Castro, *Eduardo Manet*
P4177. Johnny : l'incroyable histoire, *Éric Le Bourhis*
P4178. Le Voleur de morphine, *Mario Cuenca Sandoval*
P4179. Les Réputations, *Juan Gabriel Vásquez*
P4180. La Vie volée de Jun Do, *Adam Johnson*
P4181. Rien que la vie, *Alice Munro*
P4182. Tout est en vous. Paroles d'Amma *Mata Amritanandamayi*
P4183. Quatre actes de présence. Vivre ici et maintenant *Sylvie Germain*

P4184. Petit manuel climatique pour ceux qui ne veulent pas finir grillés comme des sardines, *Philippe J. Dubois*
P4185. Mystères polaires, *Nicolas Dubreuil, Ismaël Khelifa*
P4186. Romans, *Katherine Pancol*
P4187. En France. Chroniques, *Florence Aubenas*
P4188. L'Ombre des chats, *Arni Thorarinsson*
P4189. Le Gâteau mexicain, *Antonin Varenne*
P4190. Passent les heures, *Justin Gakuto Go*
P4191. Le Météorologue, *Olivier Rolin*
P4192. Manuel d'écriture et de survie, *Martin Page*
P4193. À la recherche de Livingstone
Henry Morton Stanley
P4194. Eiger, la dernière course, *Joe Simpson*
P4195. Mes contes de Perrault, *Tahar Ben Jelloun*
P4196. Le Soleil, *Jean-Hubert Gailliot*
P4197. La Maison Zeidawi, *Olga Lossky*
P4198. L'Imposteur, *Olivier Truc*
P4199. 100 récitations d'hier pour aujourd'hui
P4200. Sky my boss ! Guide insolite de l'anglais des affaires, *Jean-Loup Chiflet*
P4201. La Patience du franc-tireur, *Arturo Pérez-Reverte*
P4202. Derniers Instants, *Steve Mosby*
P4203. Le Festin de John Saturnal, *Lawrence Norfolk*
P4204. Aimons-nous les uns les autres, *Catherine Clément*
P4205. Crimes de femmes
Anne-Sophie Martin, Brigitte Vital-Durand
P4206. Les Deux Affaires Grégory, *Étienne Sesmat*
P4207. Dans la tête des tueurs. Portrait de profilers
Véronique Chalmet
P4208. Soigner autrement, *Jean-Paul Moureau*
P4210. La Lionne blanche & L'homme qui souriait
Henning Mankell
P4211. Kobra, *Deon Meyer*
P4212. Point Dume, *Dan Fante*
P4213. La rage est mon énergie. Mémoires, *Johnny Rotten*
P4214. Comme si c'était moi, *Philippe Torreton*
P4215. Les Feux, *Raymond Carver*
P4216. La Main de Joseph Castorp, *João Ricardo Pedro*
P4217. Anthologie de poésie haïtienne contemporaine
(sous la direction de James Noël)
P4218. Les Étourneaux, *Fanny Salmeron*
P4219. Désaccords mineurs, *Joanna Trollope*
P4220. No Hero, Mark Owen, *Kevin Maurer*
P4221. L'Appel du mal, *Lisa Unger*
P4222. La Conjuration florentine, *Gérard Delteil*